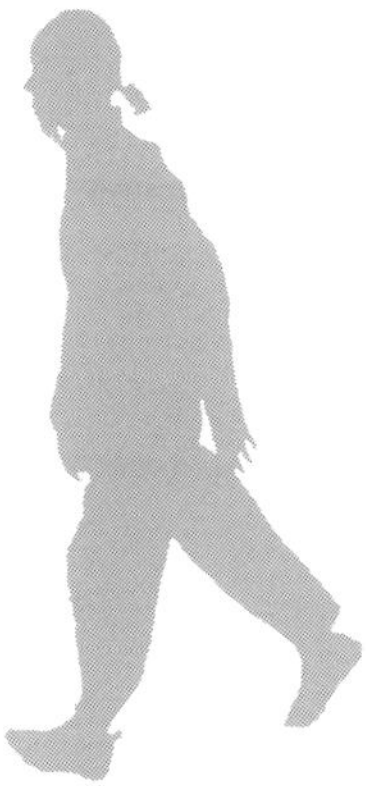

速歩のススメ

# 空中歩行

*Lung-gom*

成瀬雅春

BAB JAPAN

# はじめに

歩くことがスムーズになると、日常生活に変化が生じます。それまでより、積極的に外に出歩く機会が増えます。なぜなら、歩くことが苦痛でなく、むしろ楽しくなるからです。一歩いっぽの足取りが重く、疲れやすいと、つい出不精になります。逆に、歩くことで疲れが取れて、足取りが軽くなると、どんどん出歩くようになります。

そうやって積極的に出歩くようになると、仕事においても、趣味においても、人間関係も大きく変化します。考え方も行動面でも、前向きになれるので、仕事の成績が上がります。趣味の幅も広がり、楽しさが倍増します。当然、人間関係も良好になります。

ほんの少し、自分の歩き方に注意を向けて、効率の良い歩き方ができるようになるだけで、極端ないい方をすれば、人生が大きく変わります。直立二足歩行という、人類に与えられた宝物は、最大限有効活用すべきです。

日常生活の中で、歩くという行為は、大きなウエイトを占めています。その「歩く」という行為が、楽しいか苦しいか、歩きたいか歩きたくないかで人生が大きく変わります。少なくとも苦しいよりは楽しく、歩きたくないよりは歩きたい方が、充実した人生を歩めます。

そのためには、現在の歩き方にほんの少しの工夫を加える必要があります。今より少しだけ早く歩けるようになれば、それだけで日々の生活が楽しくなり、健康面でも確実にいい方に向かいます。その結果として、仕事上の問題点が解決したり、家庭内のトラブルがなくなったり、精神的な安定が得られたりします。そうすると必然的に充実した人生を歩むことになります。

少し早く歩くだけで、そんなに都合よく人生が好転するなんて信じられないかも知れません。でも、本書をヒントに少しでも早く歩くことが出来るようになり、歩くことが楽しくなるならば、それで損をすることはないです。健康法として役立つことも確かです。

早く歩くということが、生活上の役に立つことは間違いないです。これからの人生を充実したものにするために、少しだけ早く歩くコツを覚えてください。

成瀬雅春

2023年6月

## 第5章 人生を愉しもう……147

# 第1章

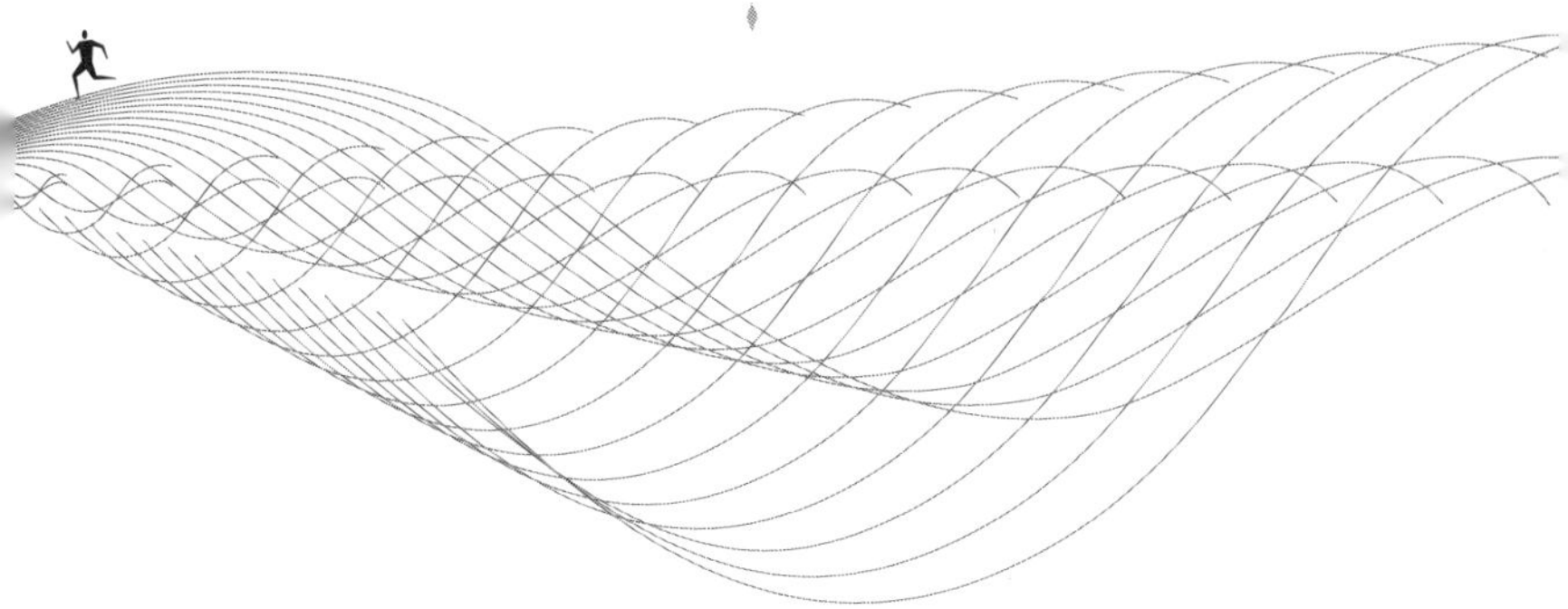

# 〝歩く〟ということの特別性

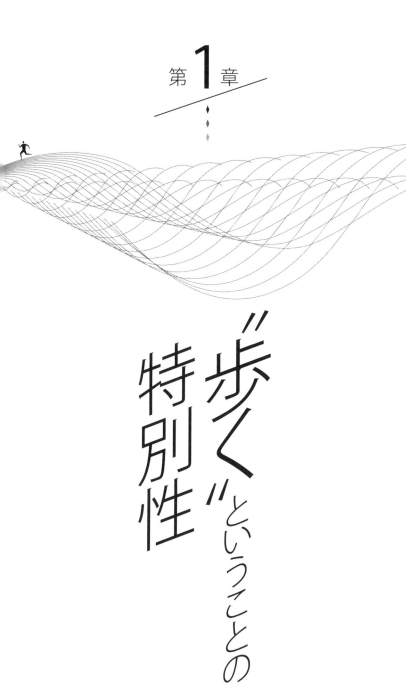

# 1 地球上の動くもの

地球上の生き物は、微生物から植物、動物まで多種多様です。生き物に共通する特徴が、「動く」ということです。動物という名前に象徴されるように、動いて生きている動物は、動けなくなった先には死が待っています。

人間は動物の一種です。当然動き回って生きています。人間も動けなくなると、生命力が落ちてしまいます。微生物もうごめいていて、死ねば動かなくなります。植物も目に見えての動きはないけれど、根を張り、花が咲きという具合に動いていて、死ねば動かなくなります。

生き物以外は動かないかというと、そうでもないです。大気も動くし水も流れています。鉱物は動かないかというと、炭素からダイヤモンドに変化するということは動いているのです。わたしが修行しているヒマラヤのガンゴットリー氷河も毎日少しずつ動いています。だから毎日何度も氷河は崩落し続けているのです。地中のマグマも動いているし、大陸も、人間の尺度では測れない長い時間をかけて動いています。地球全体も自転し、公転するので動いています。

その地球がもし動かなくなったら、当然人類は存在できなくなるでしょう。

「動く」ということは、地球上のすべてに当てはまります。動くということを、別の表現を使うと「変化する」ということです。人間を含め、あらゆる存在は変化し続けています。誕生から死まで変化しないという生き物はありません。また、地球上には変化しないものというのは存在しません。

## 2 生きることと歩くこと

人間は誕生し、成長し老いて、死を迎えます。人間的な成長は、動きの中にあります。動くことによって、いろいろな経験ができます。その経験が成長材料となります。「這えば立て立てば歩めの親心」という言葉は、子供の成長を願う親の気持ちの表れです。

人生経験は、他人との接触によってはぐくまれます。そのために重要なのは「歩く」ことです。生まれた子供が歩けるようになると、自力で家の中を移動できるようになり、さらに外にも行けるようになります。そして、幼稚園、小学校、中学校と進学していき、多くの人間関係が生まれます。それで人格形成がなされて、人間として成長するのです。

もし、家から一歩も出ずに学校へも行かず、大人になっても仕事もせず、ただただ家の中で老

いて死を迎えるとしたら、それで人生を歩んだと言えるでしょうか。それは人間が歩むべき生涯ではないです。いろいろな人と出会い、いろいろなところへ行き、いろいろな情報を吸収することで、成長するのです。「人生を歩む」という言葉通り、歩くことが人生であり、歩くことで人生が展開していくのです。

「歩く」こと、「歩ける」ことが人生においての重要な成長材料になります。ただ単に歩けるということではなく、人間的成長、人格形成という人生の根幹を担う役割を、歩くことが果たしているのです。そういう理解をすると、これまでより歩くことに注目するようになるし、「歩ける」ことのありがたみを感じられるでしょう。

人間に限らず、歩くことのできる動物は、歩き回る、動き回ることで成長し、動物的能力を高めるのです。シカなどの草食動物で、肉食動物のライオンに捕食されるのは、走るのが遅い1頭です。走る能力の差が生きるか死ぬかの境目になるのです。そして、野生動物が歩けなくなるということは、ほぼ生命を絶たれることに等しいです。
人間は歩けなくなっても、それだけで生命を絶たれることはないですが、生命力が落ちることは確かです。

歩けなくなると、たちまち生命力が落ちます。筋力が衰え、自律神経が乱れ、内臓機能が低下します。歩けないと外出する回数が減るので、目に入ってくる情報量が極端に減ります。室内だけでは移動するのも制限があり、同じ景色ばかり目にするようになります。その結果、集中力、判断力、記憶力、思考能力が低下して認知症になりやすくなるのです。

現在歩くことのできる人は、それが可能な限り続くように努力するべきです。歩けるのと歩けないのでは雲泥の差があります。歩けなくなるというのは、人生（＝生死）の分岐点だと考えても差し支えないです。自分が思うままに行動出来て、人生を謳歌する（＝歩ける）ことの大切さ、ありがたさ、歩けることの大切さを感じ取ってください。

もちろん、歩けなくなったからといって、人生が終わるわけではないです。むしろ、歩けなくなってからの人生も、充実して生きられる方がいいです。それには、歩けているときに、たくさんの人生経験を積むことです。

## 3 〝歩く〟ということの特別性

人が歩けなくなるとたちまち生命力が落ちてしまうのは、「歩く」という行為が人間にとって特別な行為だからです。そもそも、人間が行う「二足歩行」自体が、動物の中でも特別なものです。人は100m走をやったらカバにも勝てません。このように、スプリント能力については、他の多くの動物に比べて劣っているのはよく知られているところですが、代わりに勝ち得たのが〝効率性〟です。人間は他の動物たちに比べて群を抜いて長い時間、歩き続けることができます。いわば、人間は〝移動〟することが本分なのです。

とくに目的を持たないような「散歩」でも、それによって澱んでいた気分がすっきりしたり、よいアイデアが浮かんだり、身体も軽やかになったりします。おそらく、そんな経験は誰もが持っていると思います。

歩くという行為は、こんなにも簡単でありながら、歴とした全身運動でもあり、かつ、視覚系、聴覚系といったあらゆる外界刺激を伴う、非常に豊潤なものなのです。

人体最大の関節は股関節です。股関節は周囲に大血管、リンパ系、神経系といった重要器官を擁していますが、股関節を動かし続けることは、これらの各種系統も活性化させていることを意味します。逆に、股関節を動かさなくなると、これらさまざまなシステムが錆びつき始めます。歩けなくなるとたちまち生命力が落ちてしまう原因の一端には、こういう事情も含まれています。

歩くという動作の質も大切です。

例えば、おろしたての靴でちょっとした靴擦れができてしまったなどという時、そこをかばうといつもとちょっと違った偏った歩き方をしているうちに、ヒザなどが痛くなってきた、さらになぜか肩が痛くなってきた、などという経験はありませんか?

歩くという行為において、全身は奇跡のような協調をしています。この協調が崩れれば、とたんにその歪みの集まる部位に損傷が生じます。

さまざまなスポーツにおいて求められる「全身を連動させて行う」ということの〝連動〟も、原点には「歩行＝歩くこと」があります。「歩行」がいびつな一流スポーツ選手は存在しません。「歩行」が真に完成されていれば、どんなスポーツにしても、上手くできるためのベースは持ち得ている、と言えるでしょう。

「歩行」は、〝やっておけば最低限の健康が維持出来る〟ものというよりは、〝生活の質を高めてくれる〟ものと考えた方がよい存在です。

健康も、身体性能も、生活の質も、幸福も、積極的に求めましょう。これらを積極的に掴みにいける手がかり、それこそが「歩行」なのです。

## 4 いろいろな姿勢

人がとる姿勢の主なものは、寝る（上向き・横向き・うつ伏せ）、しゃがむ、座る（床・椅子）、立つ（歩く・走る）の4つです。生まれたときには、手足をバタバタします。元気に産まれてきたことの証明が「手足バタバタ」です。その手足バタバタができないと、医師は原因を究明することになり、両親を不安にさせます。赤ちゃんの身体表現は、笑う・泣く・寝る・手足バタバタの4つです。そこに「這う」という動作が加わると、両親はたちまち忙しくなります。目を離すとどこかに行ってしまうので、油断ができません。そして立って歩きだすようになると、もっと大変になります。歩き出したときから、人生の歩みが始まると考えてもいいでしょう。

そして人生の3分の1から4分の1は寝ています。良い眠りを得ることは大切です。どこでも眠れる人はいいけれど、枕が変わると眠れない人もいます。寝具選びも重要だと思います。

わたし自身は、これまで寝具にこだわりはありませんでした。しかしつい数か月前になぜか気になった寝具があり、衝動買いをしました。そうしたら驚くほどの寝心地よさでした。その体験から、最近は「寝具にこだわる必要もある」と考えるようになりました。

寝る姿勢は、ヨーガの重要なポーズです。死者のポーズ（ムリタ・アーサナ）といって仰向けで両手両足を少し開き、目を閉じて脱力します。ただ寝るだけなので簡単なようだけれど、実は難しいのです。名前が示すように、死者と同じようになるのです。つまり、どこにも力が入ってないし、あらゆる執着から離れた状態にまでもっていくのです。

ヨーガ修行の主な内容がこの脱力することと、執着から離れることなので、それほど簡単ではないです。しかし、このどちらもある程度うまくできれば、生き方が楽になります。少なくとも完全に脱力した状態で数分間保てれば、数時間の睡眠に匹敵するぐらいの回復力があります。

座る姿勢は、ヨーガではアーサナ（坐法）といって、逆立ちをしても、前屈をしてもひねっても、坐り方なのです。いろいろな姿勢を取ることで、安定した坐り方を保つことを目指しているから、アーサナ（坐法）と名付けられているのです。安定した坐り方ができるということは、身体のバランスが整っているということです。その状態が保たれていれば、日々の生活に役立ちます。

正座という習慣があった日本では、元々モデルやバレリーナのようにスラっとした足ではなかったのです。しかし最近は椅子の生活が定着してきて、足のスラっとした日本人のモデルやバレリーナが世界で活躍するようになりました。

昔の日本人は、腰の曲がった老人が多かったです。しかし、最近はそういう人が少なくなりました。背すじをしっかりと伸ばした姿勢を取ることを心がけるのは、若さを保つ秘訣です。長時間パソコンに向かっている人は、猫背になりがちなので、気を付ける必要があります。猫背の人は、歩くスピードが遅くなります。効率よく早く歩くには、背すじを伸ばした姿勢を心がけることが大切です。

## 5 マラソン人気

健康で長生きしたいという希望は、すべての人が持っています。だからこそ、ありとあらゆる健康法が存在するのです。戦後、ラジオ体操の普及、一日三食の勧め、○○ダイエットの流行など、健康に関する運動や食べ物や書物があふれかえっています。

マラソンが流行り市民ランナーが増えました。東京マラソンなどは、抽選に応募してもなかなか当たらず参加できないという状態です。主な大会でも「別府大分毎日マラソン大会」「福岡国

際マラソン」「びわ湖毎日マラソン」「名古屋ウィメンズマラソン」など、各地方ごとに数多くのマラソン大会があります。また、特徴的な名前で開催するマラソン大会もあります。「東北・みやぎ復興マラソン」「龍馬脱藩マラソン大会」「多摩川季節のめぐみマラソン」「水戸黄門漫遊マラソン」「富士山マラソン」「赤穂義士マラソン大会」などです。

わたしはマラソン経験はないですが、1970年12月6日「第3回43km飲まず食わずかち歩き大会」というイベントに参加しました。マラソンと同じ距離を歩くのです。新宿から青梅区役所前までを飲まず食わずひたすら歩き続けます。今ではそんなイベントはできません。しっかりと給水を取らなければならないことが周知されていますが、当時はそういうことはなかったのです。

それまでマラソンをしたこともないし、長距離を歩いたこともなかったので、まったく未知の体験でした。なにしろ新宿から青梅まで歩き続けなければならないのです。当時住んでいた大田区久が原から五反田まで6㎞ぐらいを何度か歩きました。43㎞を歩くために役立つかどうか判らないけれど、何かしなければと思ったのでした。

ペース配分も判らないので、大会当日はかなり無駄な歩き方をしたと思います。結局7時間ぐらいかけてなんとかゴールしました。その後、同じ大会があったときに二度目の挑戦をして、そのときは5時間台でゴールしました。一度目の経験があったので、かなりスピードを出せたのです。43㎞を5時間台で歩くというのは、一般的な初マラソンぐらいの成績かも知れません。一日にそんな長距離を歩き続けたのは後にも先にもその2回だけでした。

マラソンは時間を競う人や好きで走る人、健康法として走る人など、目的はさまざまです。しかし、健康法という点で考えると、残念ながらマラソンよりは、歩く方がいいです。

その理由の主なものは、足腰にかかる衝撃です。とくに都会のアスファルト道路を走ると、ヒザを痛めることが多いです。マラソンは数時間の間、ずっと跳躍をしている状態が続くので、どうしても足腰を痛めます。そのリスクを承知のうえでマラソンを続けるなら、大いに楽しむのがいいです。

単純にリスクがあるからという理由だけで避ける必要はないです。どんなスポーツでも、身体を使う限りケガなどのリスクは避けられません。マラソンでも他のスポーツでもやり方次第では、健康法としての効果も期待できます。それは、個々人の判断次第です。

## 6 安全な健康法とは

格闘技も流行っていて、ボクシングや、空手、柔道、合気道など、健康法を兼ねて実践する人も多いです。実際の格闘技は、相手がいて殴ったり蹴ったり、倒したりするので、当然ケガをすることがあります。それを承知の上で、格闘技をしている人はたくさんいます。その人たちは格闘技を通して充実した人生を歩んでいます。

柔道や合気道は、殴ったり蹴ったりはしませんが、それでも倒されるときに受け身のタイミングが悪くてケガをすることがあります。実際に殴ったり蹴ったりする格闘技よりは安全でも、健康法としては、多少のリスクは避けられません。健康法として考えられたボクササイズや、動きのゆっくりとした太極拳などは、その意味では比較的安全でしょう。

バレエやダンスなども全身運動なので、ケガに気をつけて適度に行う分には健康法としての効果はあります。ヒップホップで頭を床につけた逆立ちで身体を回転させる技は、首を痛める危険性があるので、健康法としてはお勧めできません。もっとも普通の人がそういう技をすることはないでしょうが、基本的に動きの速い内容を伴うものには、危険性があります。その意味では、フラダンスや日本舞踊などゆるやかな動きのものは、安全性が高いといえます。

球技にも、ケガはあります。氷上の格闘技といわれるアイスホッケーや、アメリカンフットボール、サッカー、ラグビーなどの相手と身体をぶつけ合う競技は、当然ケガが多いです。それに対してテニス、野球、バドミントン、卓球などは、直接身体をぶつけ合う競技より安全です。それでも競技者として取り組めば、それなりのリスクはあります。競技としてではなく、地域のサークルや健康法として楽しむ分には、安全性が高いです。

スキー、スノーボード、スケートなどの冬のスポーツは、安全に気をつけていても転倒すればケガをします。実際、冬のスキー場では骨折をして入院する人が多いそうです。

その点で水泳は、プールの外で転倒することはあっても、泳いでいるときにケガをするリスクは低いです。また水圧に守られているので、陸上競技のようにヒザや足首に負荷がかかることも少なく、健康法としての効果も高いスポーツです。

健康器具もたくさんあります。ぶら下がり健康器が一時流行って、どの家庭にも一台ありました。しかしすぐに飽きられて部屋の邪魔者になってしまいました。スタイリー、ツイスター、バランスボールなど、数々の健康器具が生まれては消えていきました。ジムに行き、ランニングマシンやベンチプレスなどで、汗を流す人もいます。いろいろな健康器具を買って、自宅でトレーニングをする人もいます。肉体を鍛えるために負荷を加えるには、そういった器具を使うと効果が目に見えるのでいいのでしょう。しかし、健康法としてならば、器具を使うより自分の体重を使う「腕立て伏せ」やヒザを曲げての「腹筋運動」などが、安全で効果的です。

## 7 食べすぎは危険

健康のためにいろいろな健康法を実践した結果、健康を害したという、笑えない話も数多いです。身体にいい食べ物だとしても、それを食べすぎたり、それだけを食べていたら、身体に良いわけがないです。

一時的にブームになった、紅茶キノコ健康法、カスピ海ヨーグルト健康法、朝バナナダイエットなどが、本当に万人向きの凄い健康法ならば、日本中の人が実践し続けるはずです。たとえば豆腐や納豆、梅干し、シイタケ、わかめなどは、昔から日本の食卓に上がり続けています。それは一時的なブームではないからです。

食べ方に関しても、1日3食食べなければいけないとか、朝は抜いた方が良いとか、夜は食べない方が良いなど、いろいろな説が出回っています。それぞれに医学的な証拠を前面に出していますが、そういう「学説」は、日々変化するし、数年もたつとまったく意味も説得力もなくなってしまう学説もあります。

では、どうすればいいのでしょうか。

おそらく正しいだろうと思われるのは「食べすぎは良くない」ということです。必要以上の栄養を取り込むと、内臓に負担がかかり、無駄な栄養は体外に排出されるだけです。むしろ、少なめに取り込むことで、体内に入った栄養をすべて取り込もうと、内臓が働きだします。それによって、内臓機能が強化されます。

野生動物からは、学ぶべきことが多いです。

ケガをしたり病気になったりすると、多くの野生動物は「絶食」します。もちろん、食料を調達できないということもありますが、それ以上に、食を絶ってじっとしていることが、最短の治療法だということを、本能的に知っているのです。

人間も動物です。野生動物と同じ行動をとれば、回復が早いはずです。しかし、現代医学が、

それ以外のいろいろな方法で回復を促すので、それが効果的な場合と逆効果になる場合がありま
す。解熱薬などがいい例です。高熱になるのは、そうなる必要性があってのことです。高熱が命
を脅かすケースは別として、単純に熱を下げるのは、むしろ逆効果になります。それが長患いを
することにつながったりします。

## 8 絶食で何年間も生きる動物

野生動物の生命力と、絶食との関係も面白いです。
動物は基本的には外部から有機物を取り込まなければ生きていけません。植物は水さえあれば
とりあえず生きていけるけれど、動物は水だけではいずれ餓死します。
しかしながら、チューブワームやシロウリガイといった、エサを食べなくとも生きていける動
物が深海には生息しています。これらの動物は、熱水噴出口から湧き出ている、硫化水素を含む
高温の水を利用しています。硫化水素を酸化してエネルギーを取り出して、有機物を合成してい
るのです。
絶食してもある程度生きられる動物ではラクダが有名です。背中にあるコブは脂肪なので、そ

れをエネルギーと水に変えられるのです。また血液中に大量の水を蓄えられることも、フクダの特徴です。その蓄えで40日ぐらいは大丈夫なのです。皇帝ペンギンのオスは、１２０日ぐらい絶食します。それはメスが産んだ卵を、南極大陸の厳寒の中で温め続けるためです。

そして周囲の環境に体温を合わせられる変温動物は、さらにエネルギー効率がいいので、絶食に強いのです。

オーストラリアのミドリシマセンコウカエル（Cyclorana alboguttata）は、乾期などでエサが無くなると土の中に潜って1年以上何も食べずに生きられます。タランチュラなどのクモも、代謝速度が極端に低いので、1年以上絶食できます。ヘビも2年ぐらい、ワニは3年ほど絶食で耐えられます。

ヘビやワニのさらに上は、水中で生息する動物です。アフリカ、南米、オーストラリアに生息する肺魚は最長5年間も穴を掘って乾季をしのぐのです。寿命も長くて、シカゴの水族館で飼われていた個体は、81年生きたことで知られています。三重県の鳥羽水族館で飼育されていたダイオウグソクムシは、２００９年1月2日に50ｇのアジを食べて以来、２０１４年2月14日に死亡するまで、5年1ヶ月間エサを口にしなかったそうです。それでも痩せてなかったので餓死ではないらしいです。

絶食状態で5年間もの間生き続けられるダイオウグソクムシ

両生類のホライイモリは、地下洞穴で絶食に耐えています。肝臓に、脂質やグリコーゲンの形で栄養を蓄えています。その蓄えた栄養で絶食状態を保つのです。飼育下では、エサなしで10年間生存したといいます。

人間は変温動物ではないのですが、ヨーガには「ツンモ」という体温調節のテクニックがあります。わたしが修行しているヒマラヤは、ガンゴットリー氷河の終わりの地点です。氷河の上で瞑想するには、自分の周辺を温室状態に保つ必要があります。そのツンモのテクニックを使うと、氷上でも長時間の瞑想が可能になります。

このツンモはヨーガ秘法にあたるので、細かな説明はできませんが、一つは呼吸法を使います。呼吸の仕方次第で、体温もコントロールできるし、外気と体感温度の調節もできます。また、呼吸は寿命とも大きく関係しています。

重要なのは「ゆっくり吐くこと」です。呼吸の速さと寿命には、相関関係があります。ゾウやカメなどの長寿の動物はゆっくりとした呼吸をしています。その反面ネズミや小鳥などの短命な動物は早い呼吸をしています。人間でも、僧侶や画家など、ゆっくりとした呼吸で生活している人は一般的に長寿です。

では、なぜゆっくりとした呼吸が長寿と関係しているのかというと、哺乳動物は一生涯にする呼吸数がほぼ決まっているからです。

『ゾウの時間　ネズミの時間』本川達雄著（中公新書）によれば、一生涯にする心拍数は20億回、呼吸数は5億回という数字が、ゾウでもネズミでも人間でも当てはまるのです。一生にする呼吸数が決まっているとすれば、ゆっくりとした呼吸をする方が長寿になるのは当然です。その意味でも、普段からゆっくりとした呼吸を心掛けるべきです。前述した長寿の動物はすべて心拍も呼吸もゆっくりです。

人間も哺乳動物なので、ゆっくりとした呼吸をすることで長寿が得られるのです。さらに充実した人生を歩むには、長寿というだけでなく「健康長寿」を目指す必要があります。そのために最適な健康法について話を進めます。

# 第2章

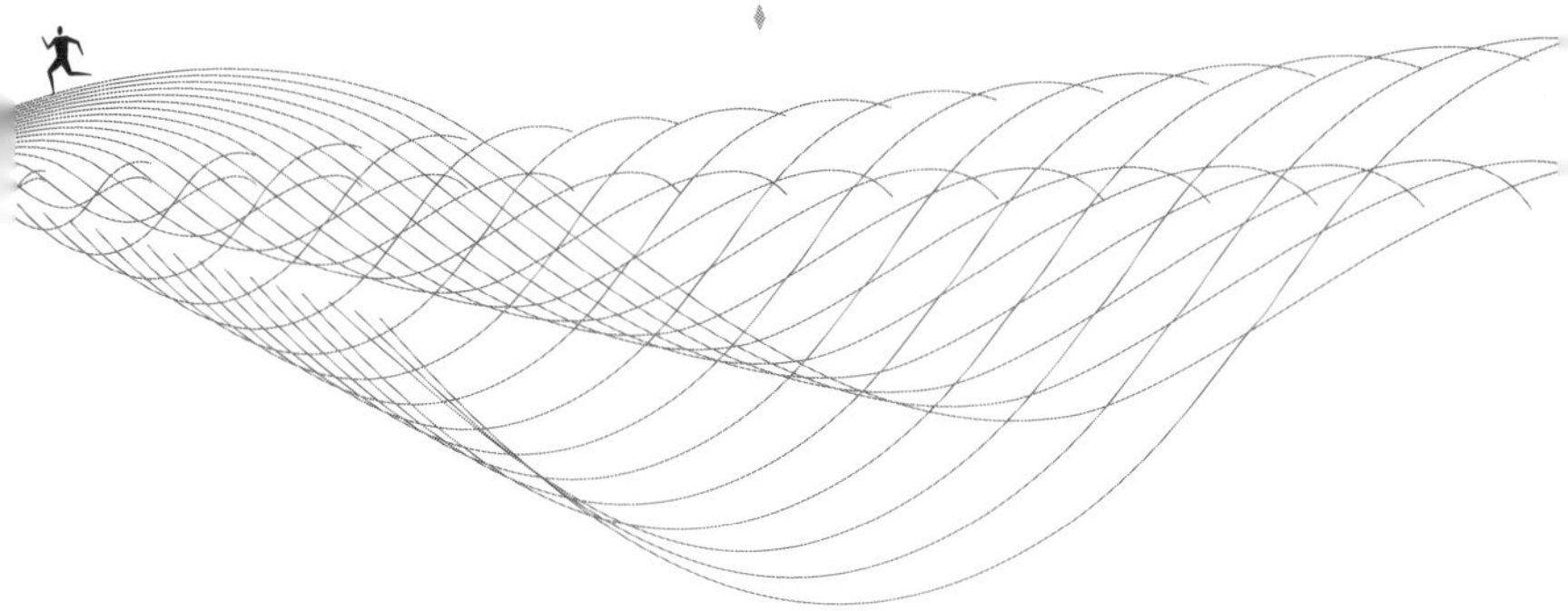

# 上手に歩く準備

# 1 手軽な早歩き

数ある健康法の中には、実践することで逆に健康を害するものもあります。健康になろうとして健康を害してしまうのはもったいないことです。健康法として選ぶなら「いつでもどこでも手軽にできる」「ケガなどの危険性が少ない」などを基準にすれば無難です。

どんな健康法でも習慣的にしなければ効果がないので「いつでもどこでも手軽にできる」ということが大切です。たとえば登山は、いつでもどこでもできるわけではないので、健康法として選ぶのには向いていません。

ただし、登山をするには普段から健康に気を付ける必要があるので、その意味では登山趣味は健康法としての役に立っていると言えます。登山をするために、日常的には他の健康法をするということになるでしょう。最近は「低山登山」が流行りだしているそうです。1000m以下の山の登山なので、気軽に行けます。

登山には「歩く」という絶対条件があります。わたしは登山をするという趣味はありませんが、毎年ヒマラヤで修行していました。必然的に登山をすることになります。標高4000mのガン

ジス河源流（ゴームク）で修行をするには、そこまで18㎞の道のりを徒歩で登ります。登りもきついですが、足腰が弱いと下りが大変です。下る方がヒザがガクガクとなりがちです。

わたしの場合は、日ごろから歩くことを習慣にしています。駅に行くとき、コンビニに行くとき、誰かと会うときなど、一人で目的地に行くときは、早歩きをします。それが習慣となっているので、買い物を忘れてもう一度その店に行かなければならないときは、また歩けるので「ラッキー」と思ってしまいます。「もう一回行かなければならないのか、ヤダな」と思うのと、ラッキーと思うのでは、精神的にも大違いです。

歩きたいと思うのと、歩かなければならないのか、と思うことの差は大きいです。それは、あらゆることに共通しています。「生きているのが楽しい」と思って生きるのと「生きているのがつらい」と思って生き続けるのでは、肉体的にも精神的にも大きな差が出ます。

仕事には楽なものもあれば、きついものもあります。楽な仕事でも、楽しくできる人と、楽だけどつまらない、やりたくないと思う人もいます。きつい仕事も同じです。その、きつい仕事を毎日楽しくできる人と、ただただきつくてイヤだと思う人がいます。何をやるにしても、考え方一つで、楽しくもなれば、つらくもなります。同じことを同じ時間するのであれば、楽しんでやる方がいいに決まっています。

本書でお勧めするのは、「速歩」であり、〝歩きの質〟を高めることです。ちょっと速く歩いてみませんか？　速く歩けるようになってみませんか？　必要以上に速く歩けと言われたら、それはもう、辛いものでしかありません。

しかし、それまでとは違った次元で、足がスイスイと出て行くような、そういう身体性を手に入れていただきたいです。

〝歩きの質〟が高まれば、当然、どんどん歩きたくなっていきます。そうなれば「健康のためだから今日もやらなきゃ」「トレーニングだからやらなきゃ」と考える必要はないです。これは何ものにも代えがたい財産だと思います。どんどん歩きたい人間が不健康な訳が、不幸せな訳がないのです。

アスリートのトレーニングは、きついしつらいものです。そうでなければトレーニングになりません。そのきつさつらさが楽しいし、楽しいことにつながるのです。歩きたいと思い、歩くチャンスを見つけ、楽しく歩くことで人生が豊かになるのです。

歩くことなんて、これまでさんざんやってきたこと、だから、変わらない。そう考えている方も多いかもしれません。しかしその〝変われる方法〟を本書から学んでください。〝歩きの質〟を高めると、人生の質も高まるのです。

## 2 速歩で通勤

会社までの通勤に電車を利用していて、その通勤電車が苦痛だと思っている人も多いでしょう。最近は毎日出社をしないで仕事ができる人も増えました。しかし電車通勤をしている人にとっては、苦痛なまま10年、20年と通い続けるのはつらいです。そこで、通勤電車を利用して速歩トレーニングをすれば、その苦痛は半減できます。

まずは、改札からホームまでの100m速歩です。人の流れというのは一定のパターンがあり、

その流れのパターンを見切れれば、流れに逆らわずに最短距離でホームの乗車位置まで進めます。

前を行く人と前から来る人の動きをしっかりと見てください。その動きを認識できれば、自分が右へ行くのが良いのか、左へ行くのがベストなのかが判ります。その判断力が身につくと、驚くほど人の波をすり抜けて歩けます。

まずは、目の前をしっかりと見据えてください。どんなに大勢の人の群が前に立ちはだかっていても、ホームの乗車位置までのルートは、一番短距離で進んでください。しっかりと前を見ていればそのルートははっきりと見えてきます。

目的の駅に着いたら、今度は改札までの１００ｍ速歩です。乗り換えを利用する人も同じです。乗り換え駅のホームまでの１００ｍ速歩を実践しましょう。改札口を出たら会社までも人の波をすり抜けて、意識的に早く歩く「速歩」をしましょう。

## 3 速歩に役立つバランス能力

年に一度の体力測定で、バランス能力が実年齢より老けていると診断されてしまってがっかりする人もいるでしょう。しかしバランス能力というのは、練習次第でいくらでも高めることができるのです。

たとえば中国の雑技団やシルク・ドゥ・ソレイユなどでは、訓練によって驚異的なバランス能力を身につけます。普通に生活している人には、そこまでのバランス能力の必要性はないです。それでもバランス能力を高める努力をしたほうがいいのは確かです。

なぜなら、バランス能力は動物的な能力であり、バランス能力が高まることは、精神力や生命力が高まることになるからです。速歩を実践するときにも、バランス能力が関係します。野生動物の場合、バランス能力が落ちるというのは、そのまま命取りになるほどのウエイトを占めています。

私のヨーガ教室では、目隠しして片足立ちバランスの時間を計る「修行クラス」というのがあります。最初は10秒も立っていられなかったAさん（女性）は、1年、2年と続けているうちにだんだん時間が伸びて、何と、とうとう2時間0分18秒（右足）、3時間20分53秒（左足）という驚異的な記録をだすようになったのです。継続は力なりという言葉がまさに当てはまるできごとです。これだけの時間の片足立ちは、単にバランス能力だけではできません。当然強靭な精神力が必要です。ヨーガのポーズにバランスを伴うものが多いのも、精神力や生命力を高めるという点を考えれば当然のことなのです。

普通の人は、動物や雑技団の人ほどバランスの必要性を感じてはいません。バランスに限らず、必要性があるかないかで能力の高まり方が違ってきます。普段の生活で、早く歩くことを必要と感じれば、速歩の能力は高まります。

そこで、気軽にバランス能力を高める方法を紹介しますので、覚えてください。

まず、試しに立ち上がって、そのまま目を閉じてください。多分バランスは取れるでしょう。それは両足で立っていて、しかも足幅を取っているからです。そこで、今度は、足先からカカトまでの両足をしっかりとそろえてから目を閉じます。そうすると、目を閉じた瞬間から、前後左右に揺れ動きだします。人によっては、この段階でバランスを崩してしまうかもしれません。

この両足をそろえて目を閉じてのバランスは、基本的に重要です。いつでもどこでも練習でき

# バランス能力を高めるトレーニング

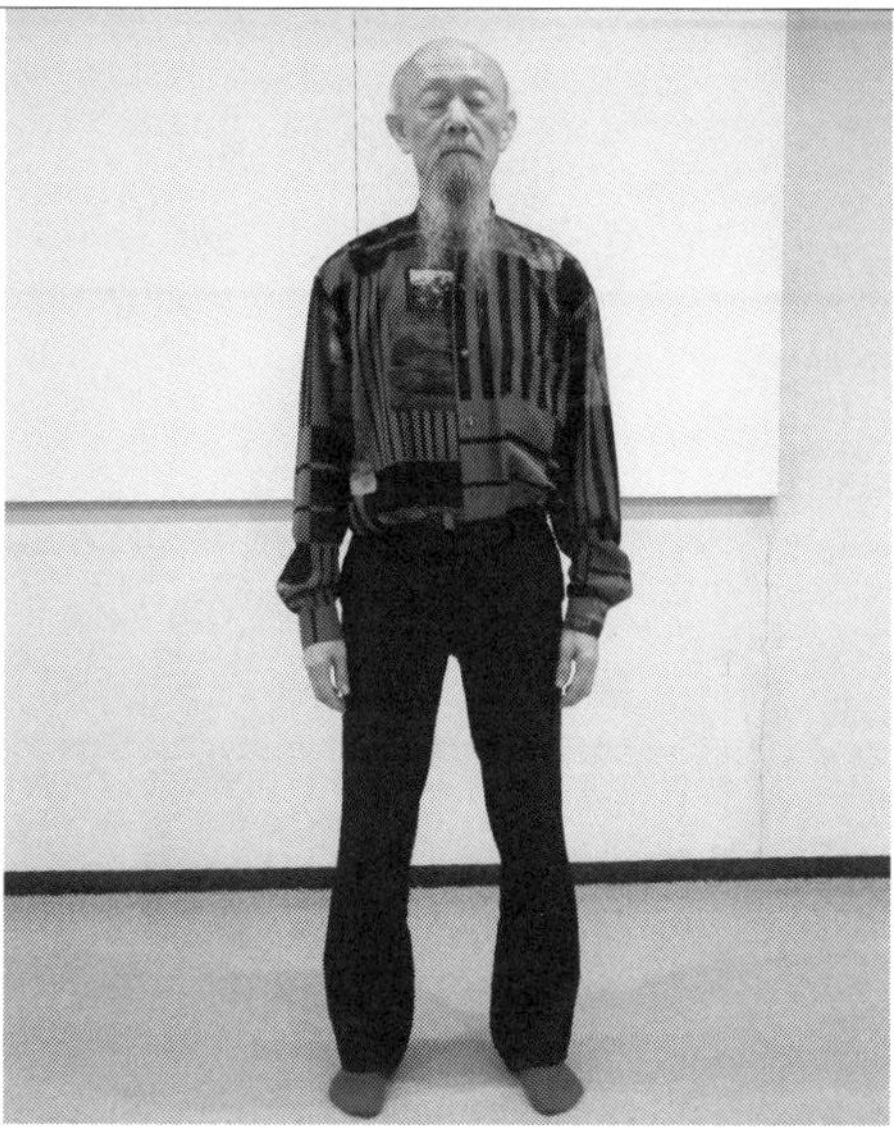

足幅を取って、目を閉じて立つ。

足をそろえて、目を閉じて立つ。

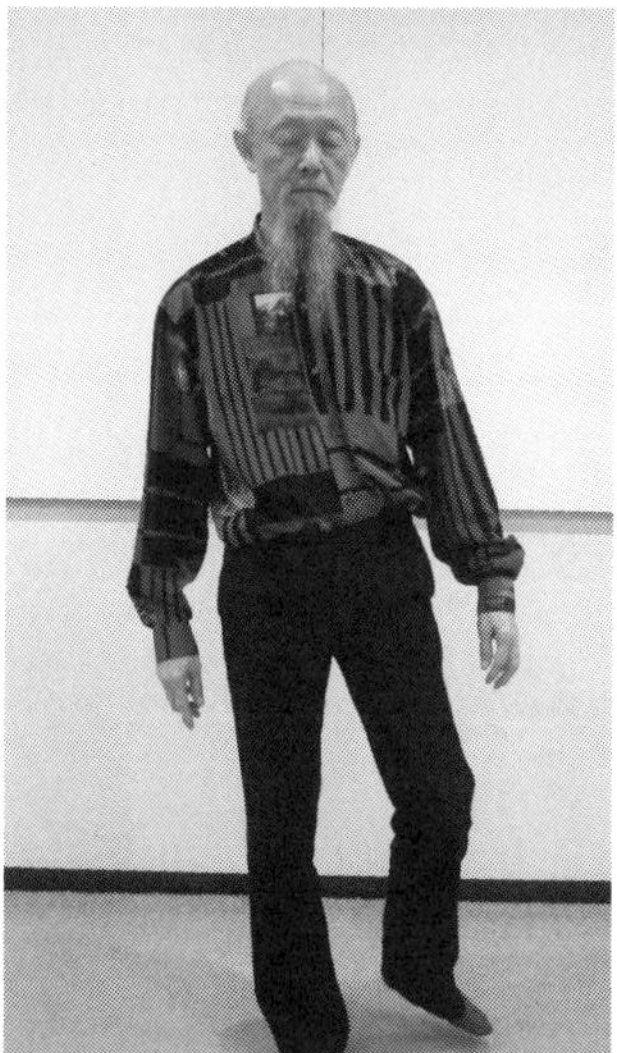

片足で、目を閉じて立つ。

るので試してください。これだけでも、バランス能力は高められます。このときに、自分の身体の観察をしましょう。揺れ動くごとに足の指やふくらはぎ、太ももや腹筋などが活躍しているのが判るはずです。

さらにバランス能力を高めるには、片足立ちで目を閉じてのバランスを練習してください。両手と離した足は、自由に動かしてバランスを取って構いません。ただし、床についている足は移動しないようにしてください。軸足が移動すると、バランスの練習にならなくなります。体力測定と同じやりかたです。それで1分以上バランスを取れるようになれば、体力測定では、若者年齢ということになるでしょう。

この片足立ちのバランスは、足腰や体幹を強くする効果がありますので、当然速歩の役に立ちます。

## 4 その場歩きをする

最近はテレワークが増えて、家で仕事をする人が多くなりました。人によっては、ほとんど家から出ないで、1日を過ごす人もいます。そういう人は歩くチャンスが極端に少ないです。

また、なるべくなら外に出たくない人がいます。いわゆる「出不精」です。そういう人は、家の中で座っている時間が多いので、そこを何とかしましょう。しかし、家の中で早歩きをするのは難しいです。たとえば1時間椅子に座ってのデスクワーク、または床に座って仕事をする場合、その間に2回（30分に1回）立ち上がって、その場歩きをしてください。

肩幅ぐらいに足を開いて立ち、右足先を上げて下ろす、左足先を上げて下ろすのを繰り返します。足先で床を踏むようにして、右左で1と数えて10まで数えると20回床を踏んだことになります。このとき腰から上の上半身は、ほとんど影響を受けないので、力を抜いてリラックスしたままにします。

つぎに同じことを足先でなく、カカトでします。この場合には、ヒザを曲げてカカトを上げることになります。足先を床につけたまま、カカトを上げ下ろしします。右左で1と数えて10まで数えると20回床を踏んだことになります。腰にひねりが加わり振動が生じるので、上半身はその影響を最小限にとどめるようにします。上半身の力を抜いてリラックスした状態で10まで数えます。

この二つのその場歩きが確認できたら、それを連続して続けます。足先の上げ下ろし（1〜10）、カカトの上げ下ろし（11〜20）、足先（21〜30）、カカト（31〜40）という要領で、１００までを

# その場歩き1

## 足先上げ下ろし

上半身をリラックスさせ、右足先を上げて、下ろす。続いて、左足先を上げて、下ろす。右左で1回と数え、10回行う。

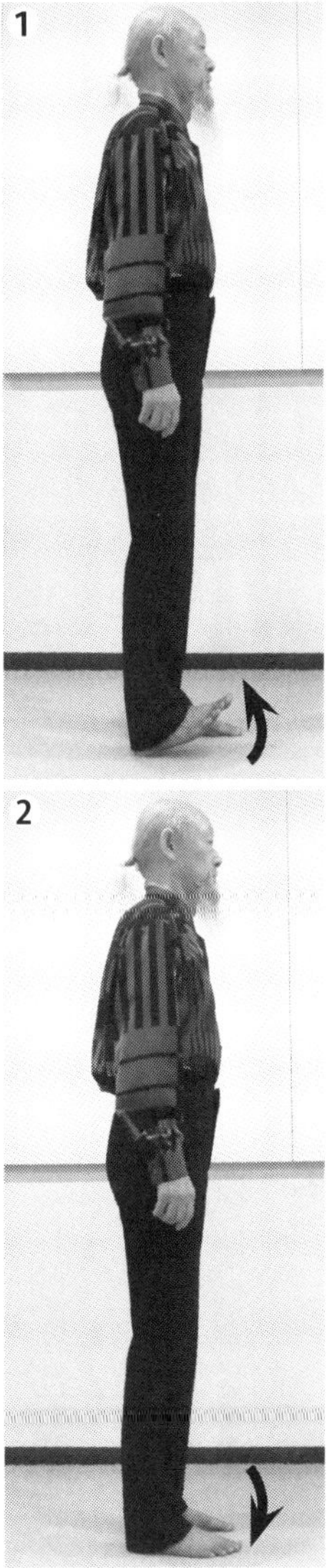

## カカト上げ下ろし

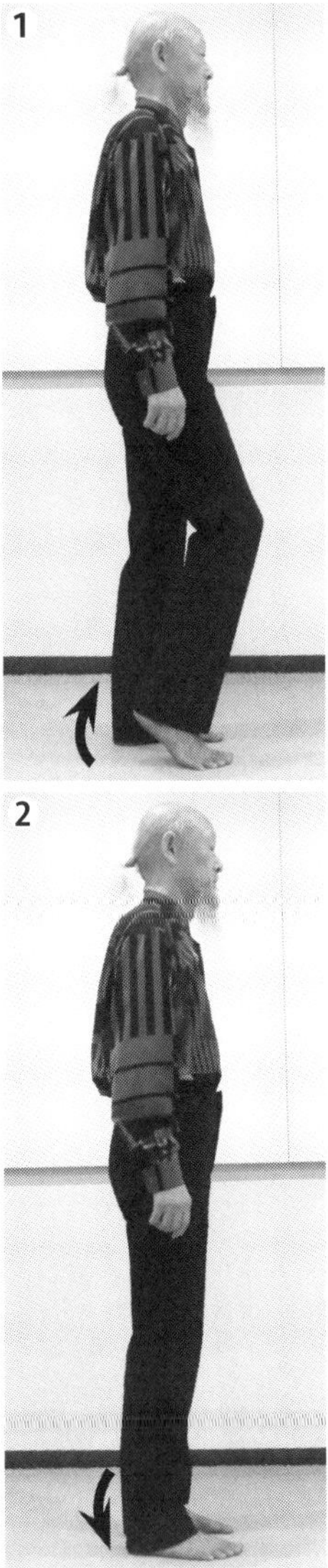

上半身をリラックスさせ、右足カカトを上げて、下ろす。続いて、左足カカトを上げて、下ろす。右左で1回と数え、10回行う。

足先上げ下ろし、カカト上げ下ろしが確認できたら、10回ずつを交互に連続して行っていき、100回を1セット。3セット行う。

1セットとして、間に休みを入れて3セットしましょう。

この練習で、速歩のときに上半身の力を抜くコツをつかめるようにします。

そして、上半身にもっと振動が伝わるその場歩きを説明します。

足先とカカトを床から離さないで、右ヒザを折り曲げて、戻すときに左ヒザを折り曲げます。左ヒザを戻すときに右ヒザを折り曲げるという具合に続けます。

このときに、腰の動きはなるべく少なくします。その場歩きでも、速歩の練習になります。上半身は力を抜いて無駄な動きをなくし、ヒザの屈伸だけで歩く動作をします。下半身の動きによる振動を上半身に伝えないようにします。普通に歩くぐらいの速さで、右左で1と数えて100まで数えると200歩歩いたのと同じことになります。

この、その場歩きだけで血行が良くなり身体もほぐれます。またデスクワークに戻っても、30分に1回はこれを実践しましょう。その習慣が身につくと、気力が充実するので、外出が嫌にならなくなります。

それと、部屋にいてもいつでも外出できるように、外出着に着替えておくというのも大切です。部屋着だとしても、ちょっと玄関先や近所までなら出かけられるような服装にしておくといいです。これは、緊急避難が必要なときにも活かされます。そして用事がなくても、1日に2回から

## その場歩き2

上半身をリラックスさせ、足先とカカトを床から離さないようにして、右ヒザを曲げ、左ヒザを曲げ、を交互に繰り返す。腰の動きはなるべく少なく、下半身の動きをなるべく上半身に伝えないように。右左で1回と数え、100回行う。

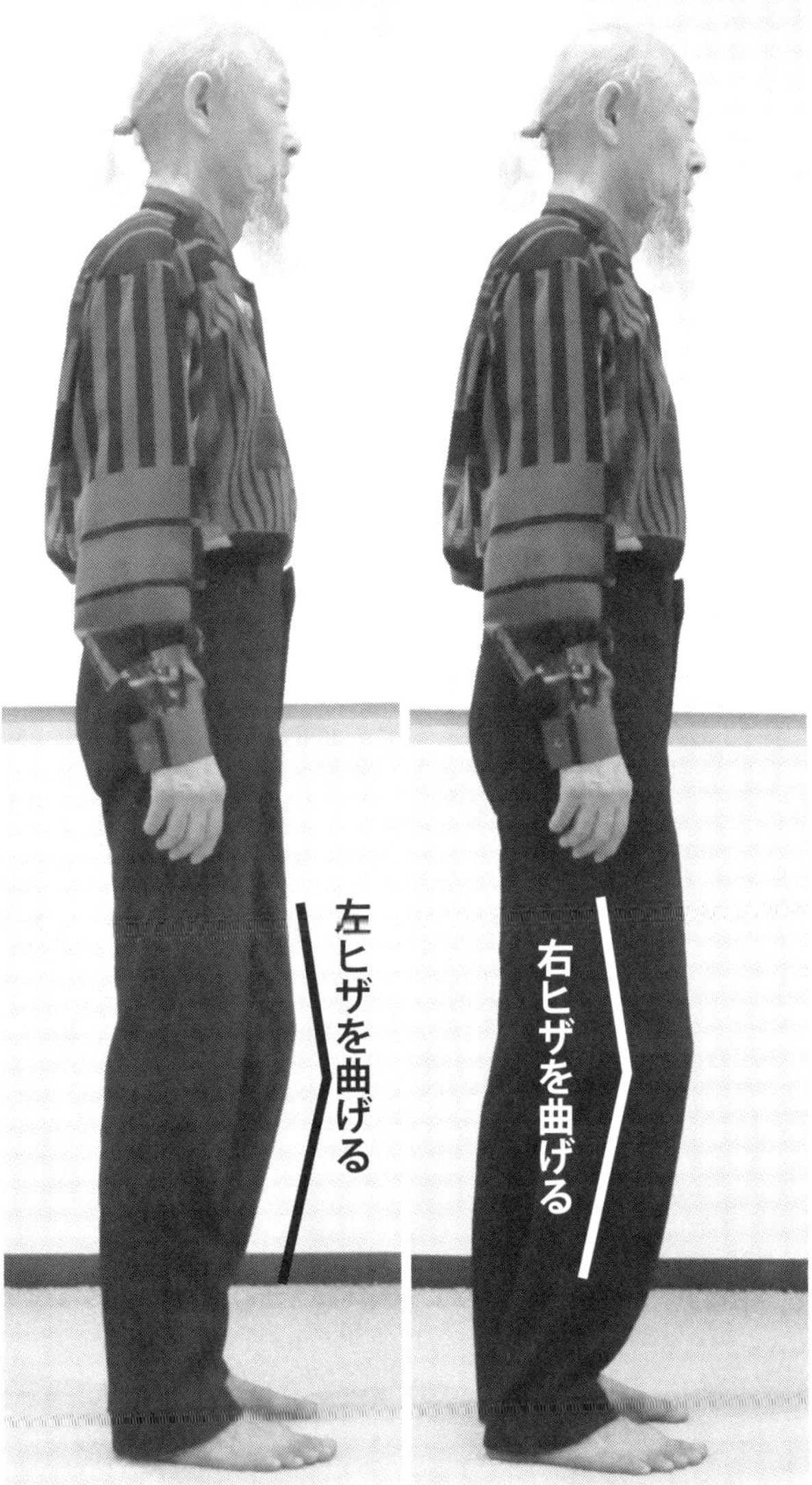

3回は外に出るようにします。コンビニまで行って何かを買ってくるとか、散歩するとか、スマホで外の景色を撮影するなど、口実はなんでもいいので、外に出ましょう。

## 5 階段を使おう

階段の上り下りは足腰を鍛える面で効果的です。エレベータを待っているときに、階段で目的階に行く方が早いことはよくあります。そのときわたしは迷わず階段を使います。たとえば3階にいて、今1階に着く表示だとすると、そのエレベータがそこから3階まで上がって来て、乗って1階に到着する時間よりは、2階、1階と階段を歩く方が早いです。

そのエレベータが3階で止まらずにさらに上の階に行くとしたらもっと待つ時間が増えてしまいます。そして乗っている人によっては、途中階で降りる人がいるとさらに時間がかかることになります。それを考えたら2階分の階段を下りる方が早いです。さらにエレベータが来るまでの間、人によってはイライラとして待つことになります。そのストレスは健康を害する要因になります。

3階か4階ぐらいまでなら、状況にもよりますが、普通に歩ける人ならば、階段を使うという選択も考えてみてください。

階段の上り下りは、健康法としても有効です。心臓の検査で、階段を2段上り下りするというのがあります。それを3分間実践して、その前後の心臓の状態をチェックするのです。階段の上り下りは、心臓に負荷をかけるだけでなく、全身運動としても有効な手段です。

階段を上下すると、股関節とヒザと足首が平地を歩くより多く使われます。下半身の関節部分が柔軟になると、歩くのが楽になります。まずは、階段を上り下りするときに、身体がどう使われているか、観察してください。

最初に気づくのは、1段毎に全身が上下に動くことだと思います。その上下する動きを全身運動だと考えれば、良い運動になっています。階段の上り下りは、いろいろなスポーツでも、トレーニングの一つとして使われています。それだけ負荷が多く、足腰が鍛えられるということです。最初にコントロールするのは、身体の上下動を少なくして階段を上り下りしてみることです。そのために、上りは少し身体を前傾させるといいです。そして下りは前傾するのではなく、少し重心を下げるようにしましょう。

それで1段ずつ上ってみて、下りてみて身体の上下運動が少なくなるようにします。上りと下りでは、上半身の動きが少し違います。上りでは前後に動きやすく、下りは上下に動きやすいです。

## 階段上り下りトレーニング

### 階段を下る

階段を下る時は、重心を下げるように。

①

②

③

### 階段を上る

①

②

③

階段を上る時は、前傾姿勢で。身体の上下運動をなるべく少なくするように。

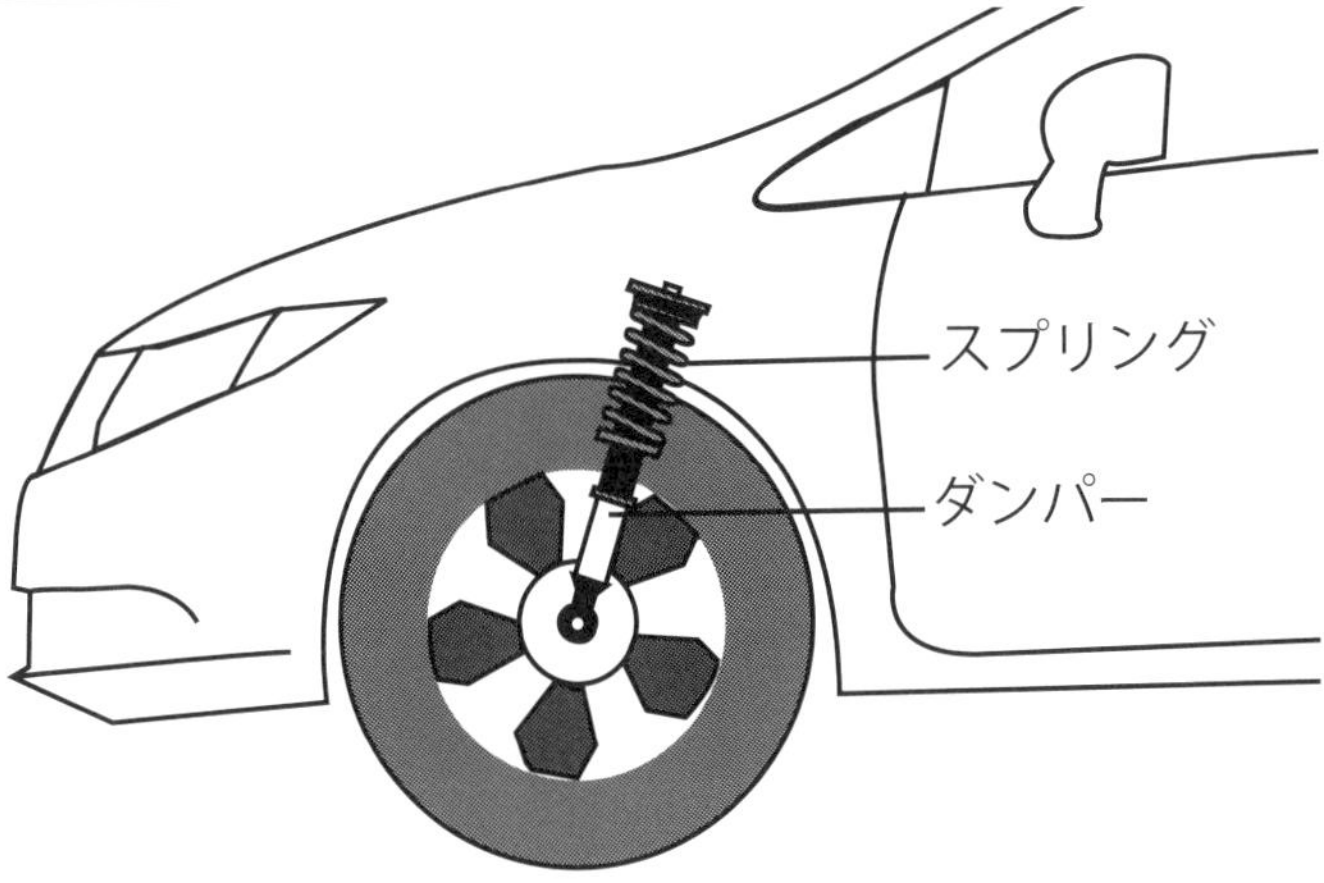


自動車のサスペンションはスプリングとダンパーの組み合わせで上下動を抑える。

実際に動いてみて、その確認が取れたら、次に2段ずつ（1段飛ばし）上って下ってみます。1段のときより上下動がはっきりとします。その上下動をなるべく少なくするようにコントロールするのです。

上りは前傾姿勢を取るのが、少し大変です。しかし、しっかりと前傾した方が、上体のブレがなくなります。下りは重心を下げて、その下がった分が上半身の上下動を防ぐ役割を担います。

自動車のサスペンションと同じ考え方です。スプリングが路面からのショックを吸収しますが、振動はしばらく続くので、それだけでは自動車の乗り心地は良くないです。そこでオイルを内蔵したダンパー（ショックアブソーバー）がスプリングの振動を吸収することで、乗り心地が良くなりました。

そのスプリングとダンパーの役割りをして上半身の

上下動を防ぐのは、足首とヒザと股関節です。その3か所が上半身の振動を吸収するのです。下半身（その3か所）をうまく使いこなすには、意識力（意識する力）をフルに活用しなければなりません。

その意識力を違う表現でいうと、観察力です。上半身のブレ幅が少ないうちに気づけば、それ以上ブレないようにできます。その気づき（観察）が甘いと、大きく上下動してしまうのです。階段の上下は、平らな地面を歩くよりコントロールが必要です。それで慣れれば、平地での速歩が楽に歩けるようになります。

## 6 歩くしかないとき

2011年3月11日にわたしは東京の浅草橋で、『インド瞑想の旅』（中央アート出版社刊）出版の打ち合わせをしていました。そのときに「東日本大震災」が起きたのです。ビルの中で立っていられなくて、しゃがみ込みました。東京は震度5強だったと思います。ある程度揺れが収まっても、電車は止まっていてバスも走ってなくて、タクシーもつかまらないという状態です。そこからヨーガ教室のある五反田まで数時間をかけて歩きました。多くの人たちが、それぞれの目的地に向けてぞろぞろと歩いていました。ここでも、歩くことがもっとも手軽で重要な移動手段だったのです。

また、1994年に初めてガンジス河源流のゴームクに行ったときにも、長時間歩きました。このときは、ウッタルカーシー（標高1158m）からガンゴットリー（標高3048m）に向けて専用車でスタートして、しばらく行くと道路封鎖に遭いました。がけ崩れで道路がふさがれていたのです。ブルドーザーが土砂を取り除く作業をしているのですが、いつまでかかるかわからない状態です。

そこで、埋もれた土砂の上を100mほど歩いて渡りました。その先にバスがいて、それに乗り込んだのですが、少し走ると、また土砂崩れで道路がふさがれていたのです。その土砂の上を超えて歩くと、また同じ土砂崩れ箇所です。結局数か所の土砂崩れがあり、それを超えて歩き続けること7時間以上でガングナーニ（標高2000m）に到着しました。

すでに辺りは暗くなりだしていて、目的のガンゴットリーまでは、まだ50㎞もあり、ちょうど最終の路線バスが来て、あわててそれに乗り込みました。バスは細い山道を数時間かけて走り続け、日付が変わる少し前の深夜にガンゴットリーのホテルにたどり着きました。

その翌日は早朝からまた7時間ぐらいかけてゴームクまでの登山です。18㎞の山道を登り続けるのは、前日7時間歩いているので、かなりつらいです。しかし、歩いて登るか、馬に乗るかしか手段がありません。しかも2日続けて登り坂が続くのは大変です。

ヒマラヤ修行を続けていると毎年いろいろなアクシデントがあります。高山の天候は変わりやすいので、急に雨になったり雪になったり、日差しが強くなったりします。気温が下がれば凍傷に気を付けなければならないし、日差しが強いと肌が火傷になってしまう危険性があります。氷河の上を歩くのも危険だし、1日に何度も崩落する氷河の近くも危険です。崖を登るときには、落ちてくる小石や岩に気を付ける必要があります。

そういう場所で修行を続けるには、しっかりと歩けることが最低限の必要条件です。ヒマラヤ山中では、人間も野生動物並みの条件下での生活になります。わたしが早く歩くようになったのは、そのヒマラヤ修行体験が大きく関係しています。

## 7 やりにくいことをする

歩くという行為は、気にしなくても歩けます。幼児期に歩けるようになってから毎日歩いてきたから、当然歩き上手のはずです。しかし実際は、歩き上手な人の割合は少ないです。なぜなら歩くという行為を気にかけてないからです。

その歩くという行為を気にかけるようになると、歩き上手になります。たとえば雪道やつり橋を歩くのは大変です。転ばないように、バランスを崩さないように注意しながら歩くには、歩くという行為を気にかけなければなりません。

わたしはヒマラヤで氷河の上を歩くことを何度もしました。氷の上なので、当然滑らないように注意したり、クレバスに嵌らないように細心の注意を払います。次の一歩を出すときに、安定した地面なのか、浮き石の上なのかも判断しなければなりません。

その氷河を越えると、タポワン高原に行けます。そこは、標高４５００ｍなのに、草が生い茂り小川が流れる絶景の高原です。まさに桃源郷のような世界が拡がっています。しかし、そこまで行く斜面が危険なのです。崖を登るときには、手をかける岩が剥離する可能性があります。また急角度な斜面の土砂が下に落ちるので、登っている人の下にいると危ないです。桃源郷のような高原と、そこまでの危険な斜面のギャップがすごいのです。そういう体験もあって歩き上手になれたのだと思います。

日本国内でも、例えば北海道の人たちは、雪道を歩くのが上手です。都会の人たちは、少し雪が降っただけでも、上手に歩けなくて、転んでしまいます。

日常生活でしている動作は慣れているので、気にしなくてもできます。だから「細かな身体操作」の必要はないです。普段やり慣れないことをしようとしたら、失敗しないように意識しなければなりません。たとえば右利きの人が左手で箸を持って食事をしようとしたら、そうとう大変です。そこで「細かな身体操作」が必要になるのです。

スケート靴を履いて氷上に一歩足を踏み入れた瞬間から、先へ進むのが大変になります。手すりにつかまっても前に進むのが難しいです。しかし何度も転び、コツを覚えてくると、スイスイと前進できるようになるのです。

ということは「やりにくいこと」をすることによって、細かな身体操作能力が身につくということです。それを踏まえて、上手に歩くための準備となる、細かな身体操作方法を、少しずつ説明していきます。

## 8 足の指を使う

歩くときには、効率のよい足の使い方をする必要があります。草鞋や下駄の生活をしていた時代から、靴を履くようになって、日本人の足も変化してきました。大きな違いは、鼻緒がなくな

## 足の指を開く

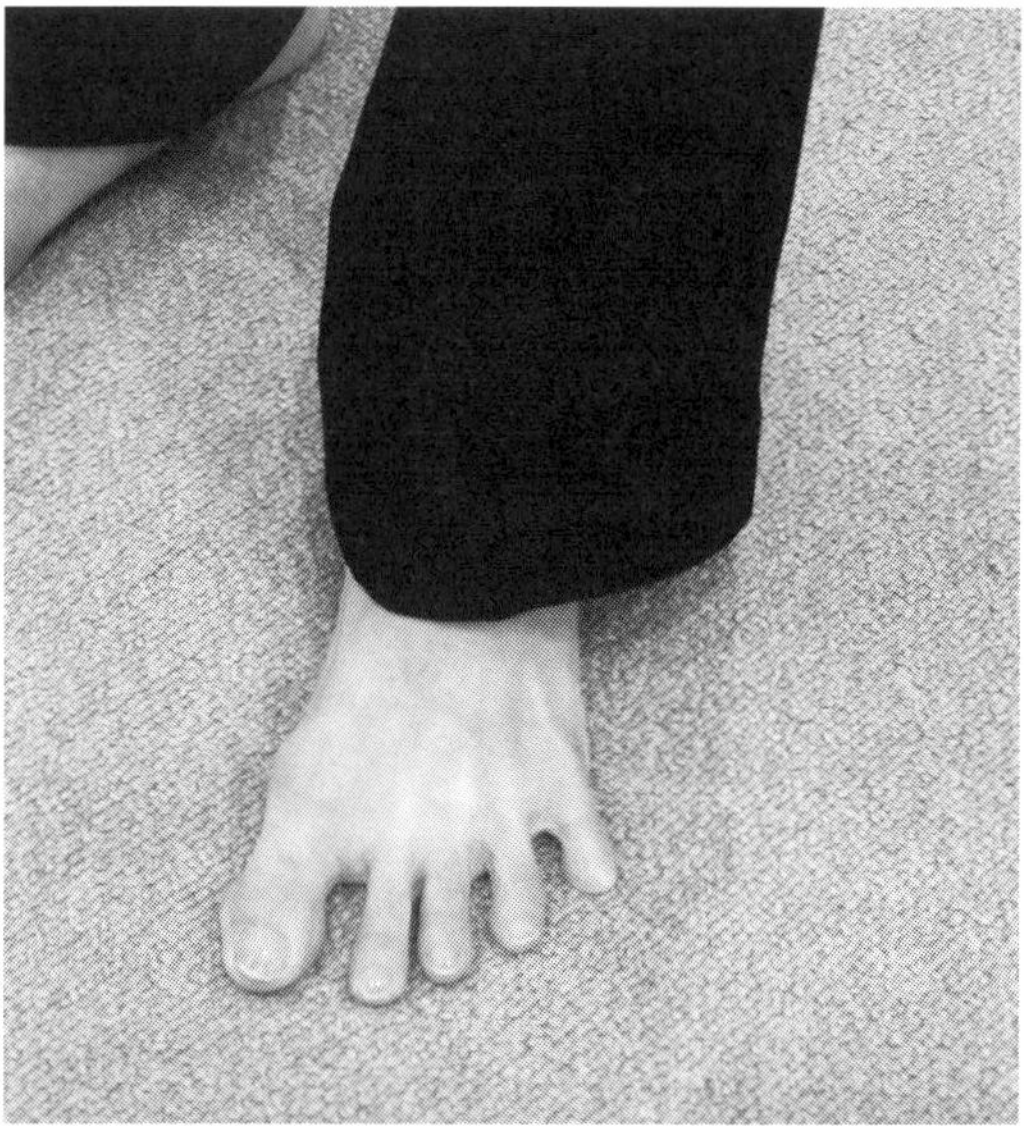

足指が開くことはしっかりとした歩きのベースとなる。

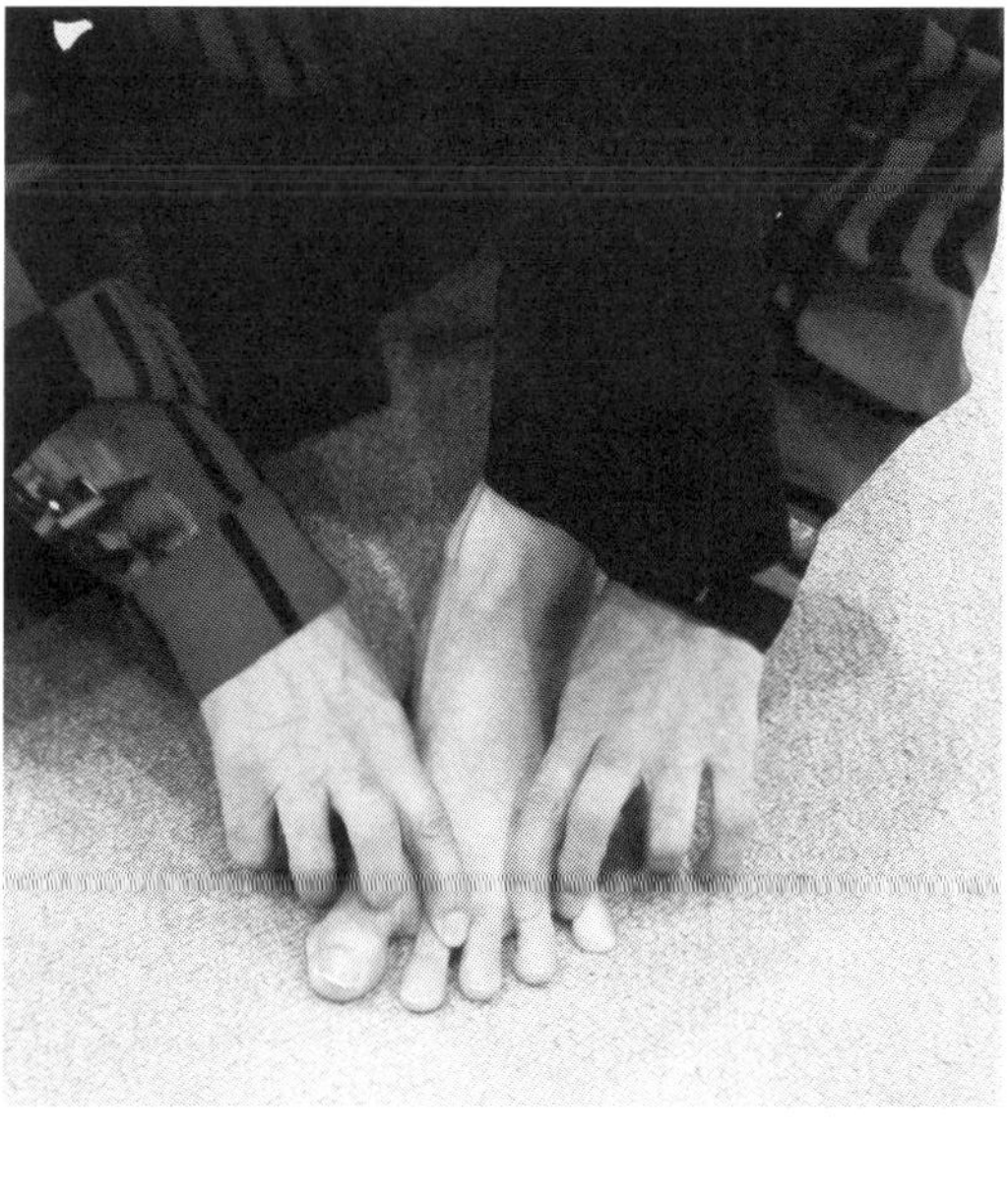

足を靴で包む生活が長いと、自力では足指が開けない人も多い。そういう人は手指を使って開くところから。

り、足全体が包み込まれるようになったことです。その結果、外反母趾が増え、指を開くことが少なくなったのです。

しっかりとした歩き方をするためには、まず足の指を大きく開くことです。しかし、ほとんど指が開かない人が多いです。その場合は手で開かせるようにして、指と指との間隔が開くようにします。手を使っていいので、両足とも指と指との間隔が開いた状態を作ってください。

人差し指、中指、薬指の3本が開かない人が多いです。そういう人は、まず外側（親指と人差し指の間、薬指と小指の間）をしっかりと開くようにします。この外側を手を使わずに開くようにする練習をしてください。そして、手を使って内側の3本を開くようにします。

開くけれど、その開き具合が少ない人は、手を使ってそれをさらに広げるようにします。また、開き具合に左右差のある人は、開きにくい方を、手を使ってしっかりと開くようにします。

足の指を開くことが出来るようになると、まずバランス能力が上がります。たとえば片足立ちで目を閉じたときに、すぐバランスが崩れてしまう人は、足の指が開くようになると、バランスを崩さずに保てるようになります。それは小指側の踏ん張りが利くからです。片足バランスは、足の指で取っています。小指が機能するのと、しないの差は大きいです。親指と小指がしっかりと床をとらえることで、バランスが保たれるのです。

ためしに、片足立ちのバランスをしてみてください。目を閉じて壁に片手をついて片足を床から離します。そこから壁についている手を放してどのぐらい保てるかやってみてください。そのときに、上半身の揺れに意識が行くでしょうが、足の指にまでは気が回らないことが多いです。バランスが崩れそうになったときに、足の指に意識を向けると、それだけでバランスが保たれるようになります。なぜなら、意識を向けた瞬間から指が機能しだすからです。親指と小指が、床を圧すように踏ん張る動きが自然に出ます。

その動きを意識的にすると、さらにバランス能力が上がります。

1本いっぽんの指を意識して、床に触れる感覚を確認します。親指はできても、小指は床を圧す感覚がつかめないかも知れません。

親指から始めて1本ずつしっかりと意識して、床を圧すようにします。親指で圧すときは、他の4本の指が床を圧す圧力を減らすようにします。人差し指で床を圧すときは、他4本の指が床を圧す圧力を減らすようにします。同じ要領で、中指、薬指、小指も練習します。

相当意識を働かせないと、これはうまくいきません。とくに人差し指、中指、薬指の3本は難しいです。しかし、そういうアプローチをすることが重要です。

次に、床を圧す圧力を減らす指を床から離すようにします。最初の親指以外の指を床から離す

# 親指、小指以外の指を床から離す

親指のみ接地

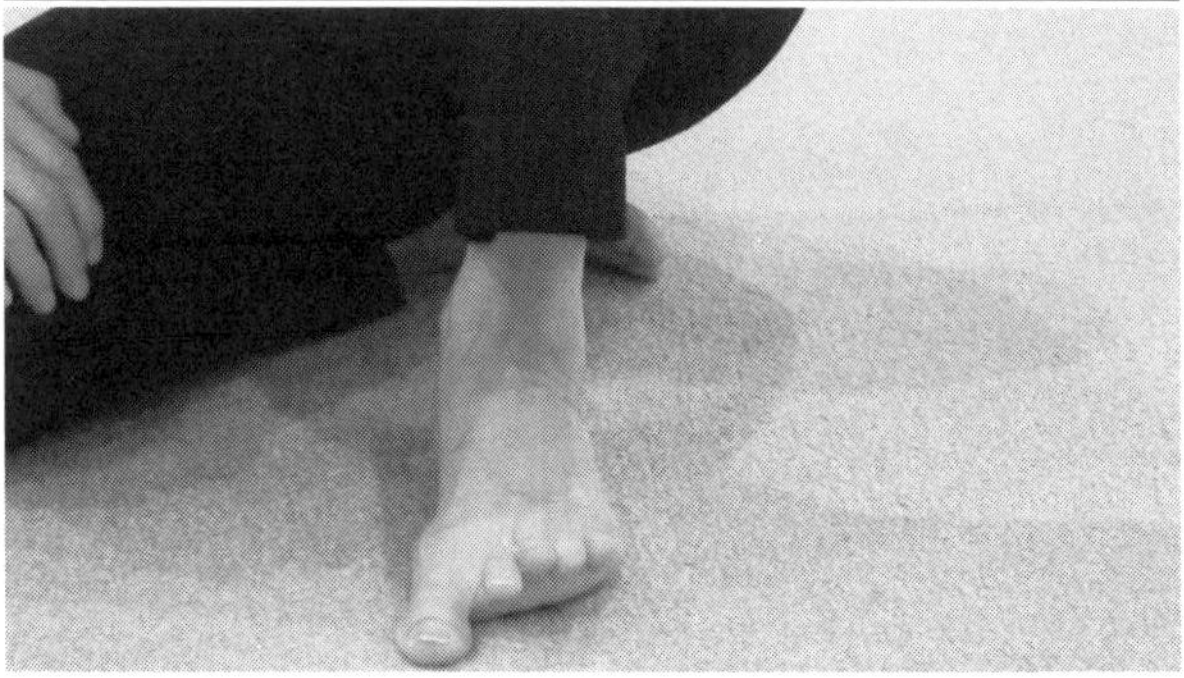

小指のみ接地

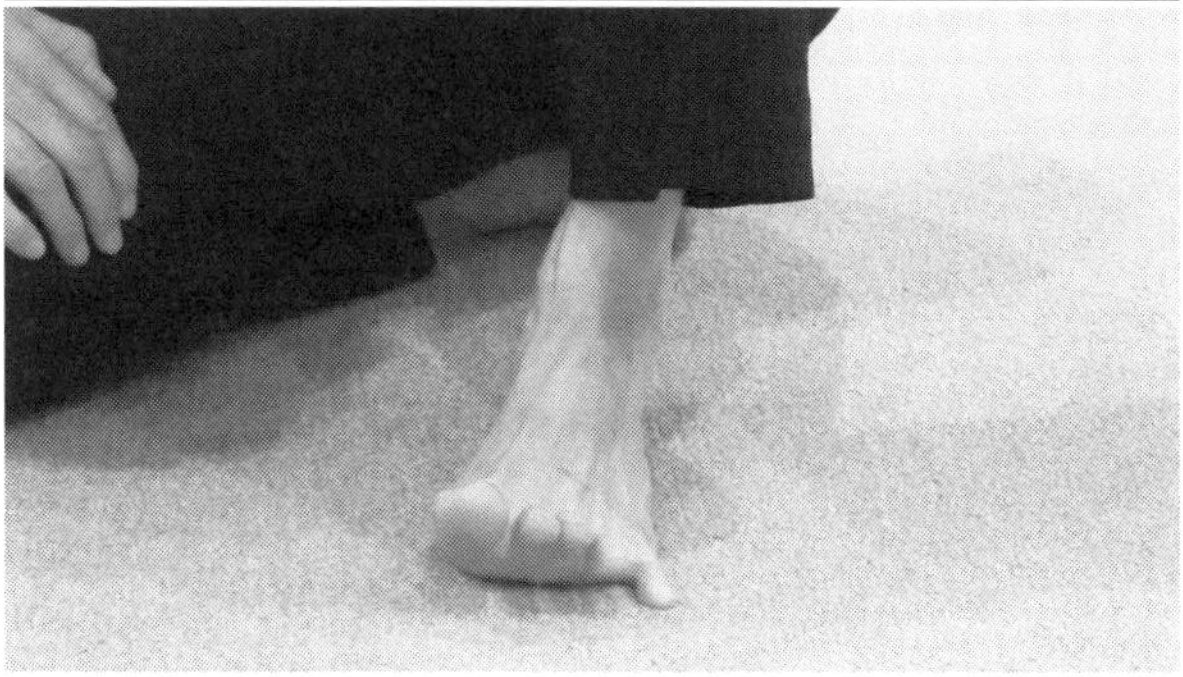

親指と小指のみ接地

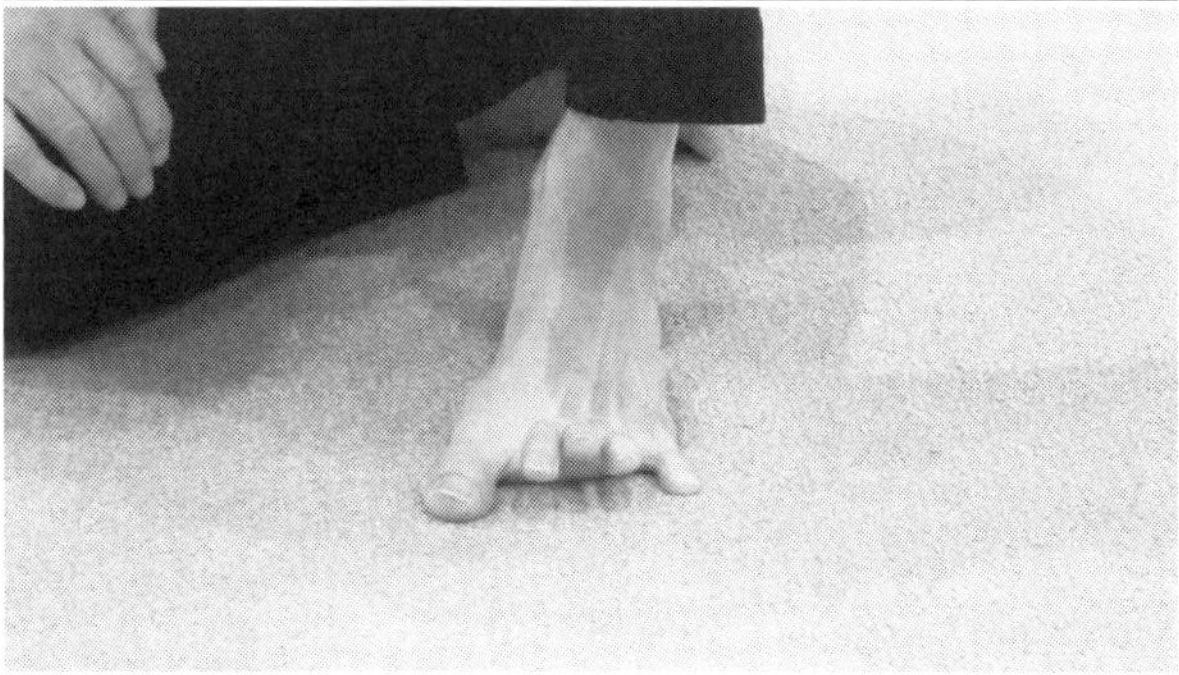

のは、比較的簡単にできると思います。つまり親指だけ床についている状態にするのです。次からの3本はおそらくできないでしょう。でもそれが普通です。最後の小指以外の指を床から離すのは、できると思いますので、練習してください。

ここまでの練習ができたら、最後に親指と小指以外の指を床から離すのにトライしてください。それができるのは意識力（意識を働かす能力）の強さによるものです。

「親指と小指をしっかりと床に圧しつける」という意識と「他の3本の指を床から離す」という意識を同時に働かせるのです。

最初のうちは、5本の指のそれぞれが「床に圧しつけようか離そうか」と微妙な動きをすると思いますが、それでいいのです。そのどっちつかずの動きが、徐々に整理されてきて、外側の2本と内側の3本の方向性がはっきりしてくるのです。

少しでも内側の3本が床から離れたら、その瞬間をとらえて、外側の2本を床に圧しつけるようにします。それがうまくいくと、内側の3本を、床からさらに離すことができます。このときは、「床から離す」というより「上に引き上げる」という意識の方がうまくいくと思います。

左右の足でやりやすい方とやりにくい方があるはずです。まずは、やりやすい方で練習してください。片方でできるようになると、もう片方もできるようになります。もちろん、出来具合の差は縮まらないかも知れないし、むしろ開いてしまうかも知れません。それでもいいのです。コントロール能力は確実に身につきます。

さてそこで、ここまでの練習ができたとして、さらに難しい練習を紹介しておきます。床から離した3本の指を1本ずつ動かすという方法です。この3本の中では、人差し指が動かしやすいでしょう。つぎに薬指です。中指だけを動かすのはとても難しいです。

それ以前に、指と指の間隔を拡げるのさえできない、という人も当然います。いいのです。こういう難しいのもあるんだな、と参考にしてください。できないことが多いのは、できる可能性が多いということです。すべてできたら、それ以上できる可能性がなくなってしまいます。

## 9 足指を意識する

足の指1本いっぽんに意識を働かせることが、上手な歩き方に直結しています。普段歩くときに、その練習をしてください。まずは、親指に意識を向けて歩きます。親指で地面を圧すようにして1歩ずつ前進するのです。これは比較的簡単にできるし、まっすぐ歩きやすいです。この歩き方は、習慣的に実践して身につけるといいです。

## 各足指を意識して歩く

足指の1本いっぽんに意識を向けて歩く。親指や小指に比べて、人差し指、中指、薬指の各指に意識を向けて安定して歩くのは難しい。

そして、「速歩」の準備として、歩数の計測も習慣的にしましょう。右左の2歩で「1」と数えます。つまり20歩歩いて「10」です。この数え方は、わたしが速歩をするときに使っています。歩幅が1メートル取れる人は、100歩で100メートルということになります。頭の中で50数えたときに、「これで100メートルだな」という目安が生まれます。

次に、小指に意識を向けて歩きます。これもできると思います。重心が外側になるので、進行方向にブレが生じる可能性がありますので、親指よりも、意識をしっかり持って歩く必要があります。そしてあとの3本は、なにしろ意識するしかないです。指先まで実感できるようになるには、相当練習が必要です。そういう、簡単にはできないことにトライすることが、いろいろな意味での能力向上につながるのです。

こういうアプローチで指先まで意識を働かせて歩くことで、しっかりとした歩き方が身に付きます。

## 10 足首を柔軟にする

足の指を働かせることと同時に、足首を柔軟にすることが、上手に歩くためには必須です。歩くためには主に足首、ヒザ、股関節が使われますが、中でも足首は重要です。足首は歩くことだけでなく、あらゆる身体操作にとって重要な要素です。スポーツの準備運動でも、必ず足首を回します。

柔軟運動としての足首回しは、誰でも経験しているでしょう。その足首回しも、適当にするのではなく、丁寧に意識してすると、効果も大きくなるし、身体操作能力も上がります。とくに「速歩」を身につけるには、その丁寧な足首回しを覚えた方がいいです。

椅子か床に楽な座り方になり、右足首を回しやすい姿勢を取ります。通常は左太ももに右足を乗せるのがいいでしょう。

左手で足先をつかみ、右手は足首に添えるように置きます。足首の腱を一本いっぽんしっかり伸ばすために、最大限大きな円を描くようにします。そしてその円がいびつにならないように、きれいなラインを描くようにします。

そのときに、足首の状態を観察しながら回します。そうするとどうしてもゆっくりと回すことになります。スポーツの準備運動の場合は、そういう観察をしないので、早回しをすることになりますが、ここでは、観察することが大切なので、早くは回せません。

適度な回数（8～20回程度）回したら反対回しをします。それを2～3回繰り返したら、足を

## 足首を柔軟にする（足首回し）

左太ももの上に右足を乗せ、左手で足先をつかみ、右手は足首に添える。足先が最大限大きな円を描くように、また、いびつでないきれいなラインを描くようにていねいに回す。8～20回程度行ったら反対回し。それを2～3回繰り返したら反対側の足も同様に行う。

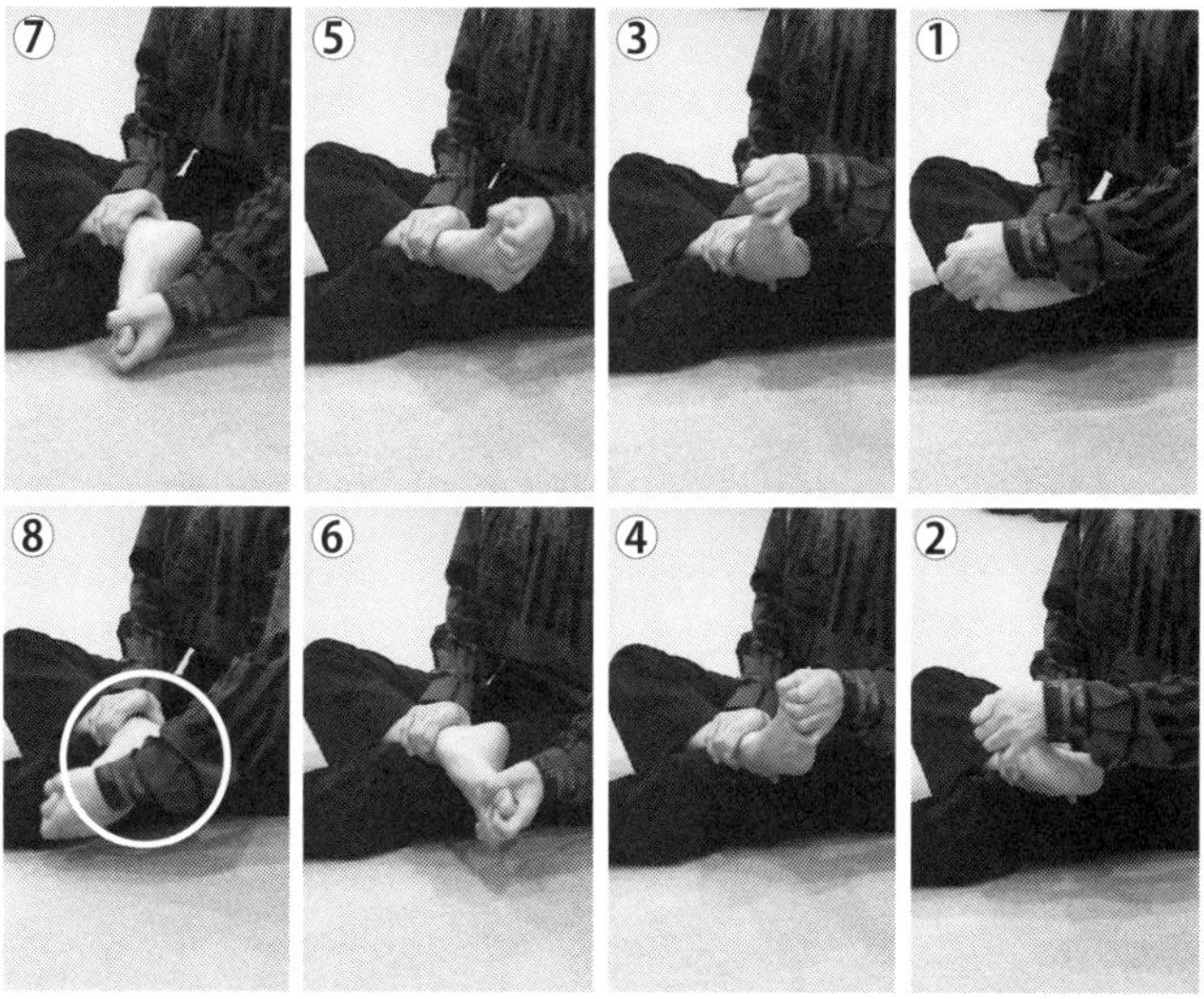

交代して同じように足首回しをします。5分前後かかりますが、1日1回はそのぐらいするといいです。また、時間のあるときは、10分でも20分でもかけて回してください。そのときに自分の身体の状態を観察することが、大切です。観察力がついてくると、いろいろなことに気づきます。一周回す間に足首の腱の伸び具合がいろいろと変化します。その変化を、最初はあまり見つけられないかもしれません。2つ3つとか、5つ6つぐらいしか、気づかないかもしれません。観察力が身についてくると、20、30とか50、60という具合にたくさんの変化に気づくようになります。その気づきが多くなるほど、「速歩」能力がアップするのです。

そのことがどうしていきなり「速歩」能力につながるかというと、実は上手に早く歩くには、たくさんの観察力が必要だからです。歩くときに、足の指5本の状態、足首の状態、ヒザの状態、股関節の状態、両腕の状態、上半身の傾斜度の状態、呼吸の状態、前方の状態、地面の状態など、観察するべき対象がたくさんあります。そういった観察力を身につける方法として、足首回しは適しています。

足首の可動域が拡がると、歩くときのストライド（歩幅）が広くなります。ストライドが拡がるというのは、早く歩くためには、非常に有利な条件です。もちろん、足首だけでなく、ヒザも股関節も可動域が広い方が有利なのは当然です。その中でも足首は歩くことに限らず、どんな動きに対しても可動域が広い方が有利です。まずは、足首回しを毎日やって、習慣になるようにしてください。

## 11 ヒザと股関節を柔軟にする

ヒザの柔軟度は、曲げるのではなく、伸ばせるかどうかです。ヒザの通常の動きは、曲げるか伸ばすかだけです。ヨーガではさらに内側と外側に曲げる可動域を拡げるという動作がありますが、それは例外的な動きです。

バレエや社交ダンスは、ヒザをしっかり伸ばせないと、きれいな踊りになりません。ヒザを曲げることで、座る、立つ、歩く、走るなどの動作が可能になります。ヒザを伸ばすというのは、相当意識しないと伸ばせません。競歩のベント・ニー（ヒザを曲げてはいけない）というルールは、自然に逆らうことなので、難しいのです。

ヒザを柔軟にするには、伸ばす練習をすることです。床に座って足を伸ばせると、かなり柔軟な方です。それが難しい人は、壁に寄りかかって足を伸ばしましょう。そのまま保ってもいいのですが、そこから片足を折り曲げて、もう片方の足の太ももの上に置くようにします。位置的に

# ヒザを柔軟にする

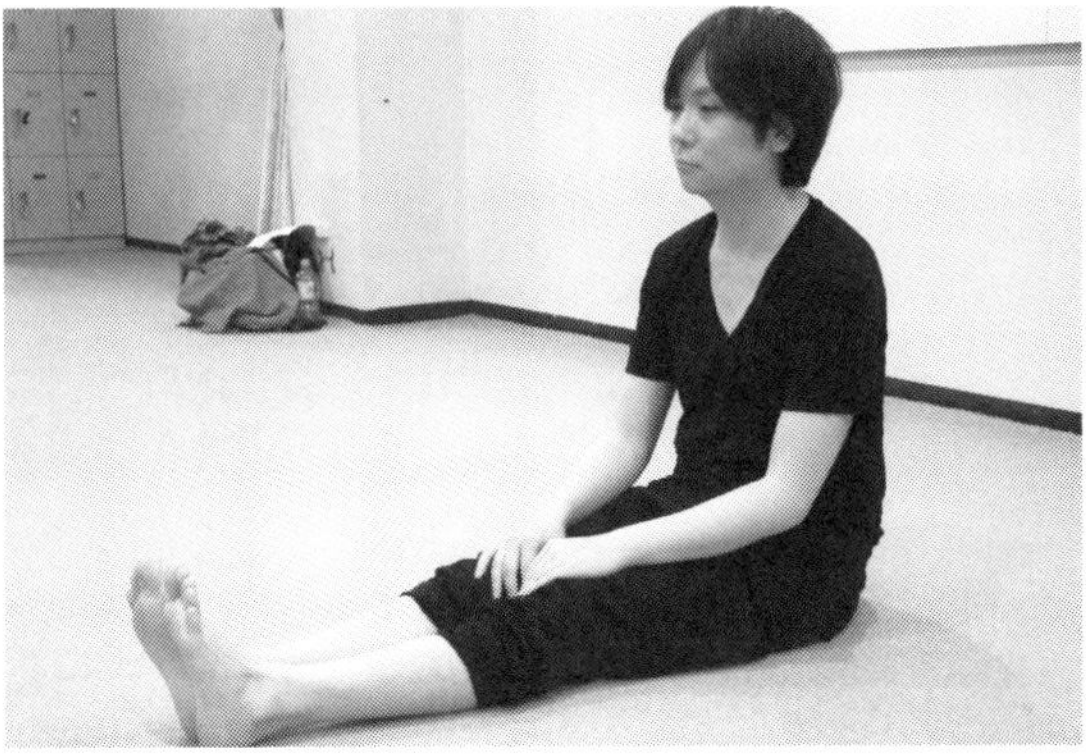

床に座ってしっかりヒザが伸ばせる人は、けっこうな柔軟性がある。

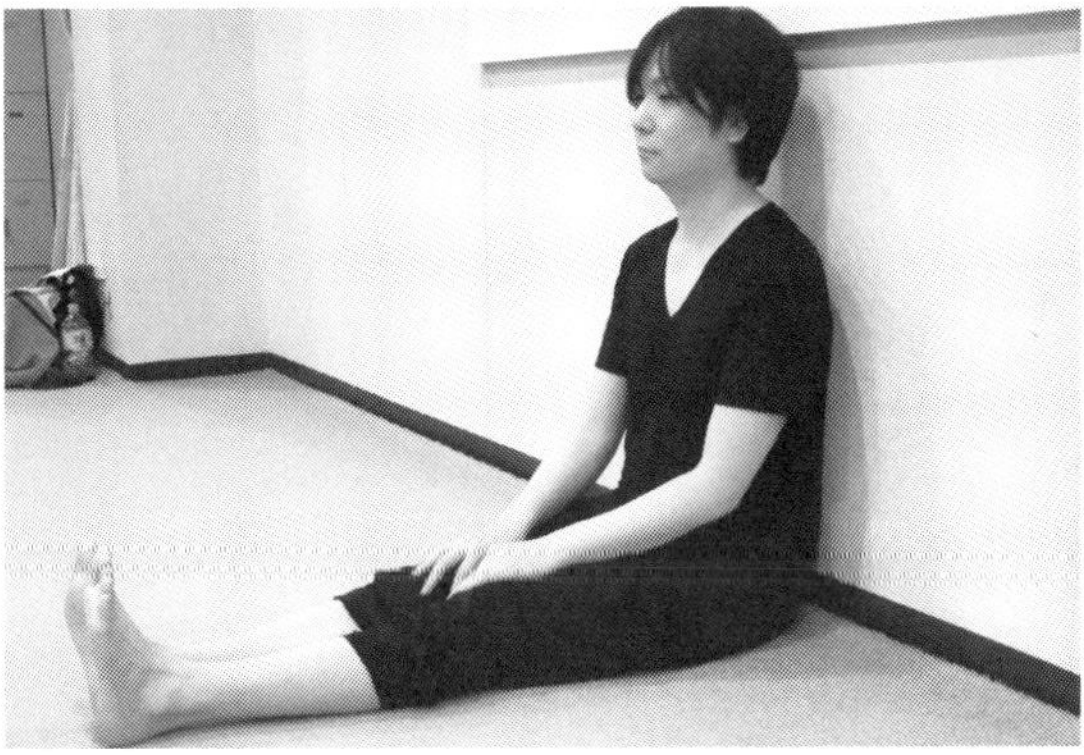

上記が難しい人は、壁によりかかってヒザを伸ばす。これならできるという方は多いはず。

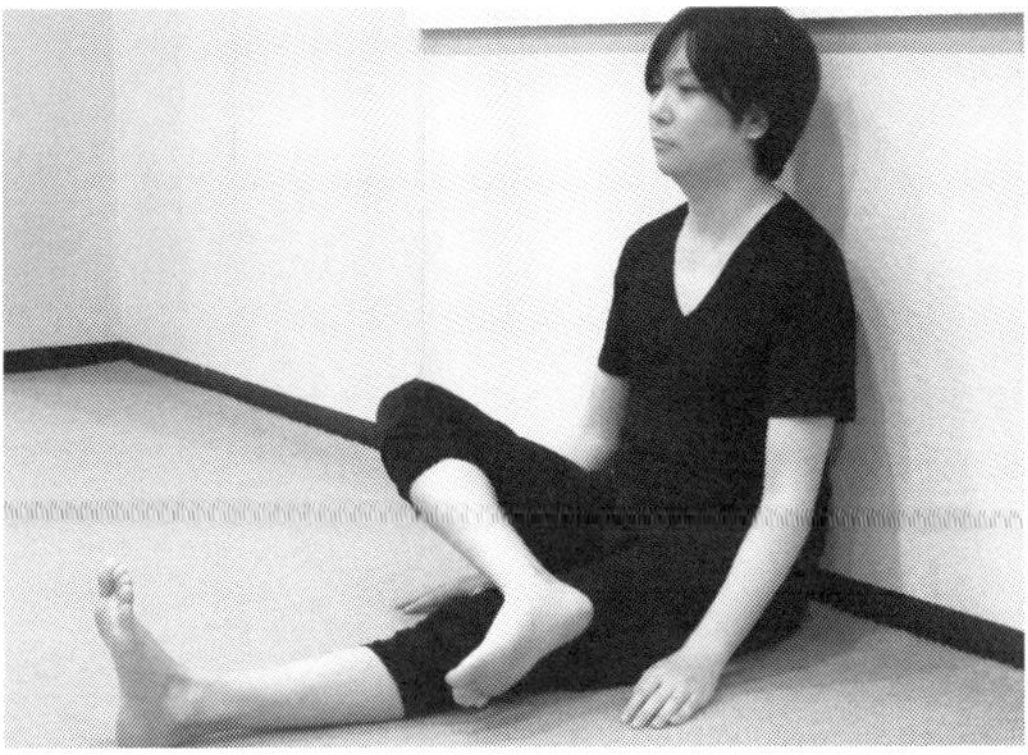

壁によりかかって上記ができたら、片足を反対側のヒザと太ももの間に乗せる。これによって下側の足の裏筋がもっと伸ばされる。

# 股関節を柔軟にする

床に座って開脚。身体は硬い人は。これで体が後ろに倒れようとしてしまう。

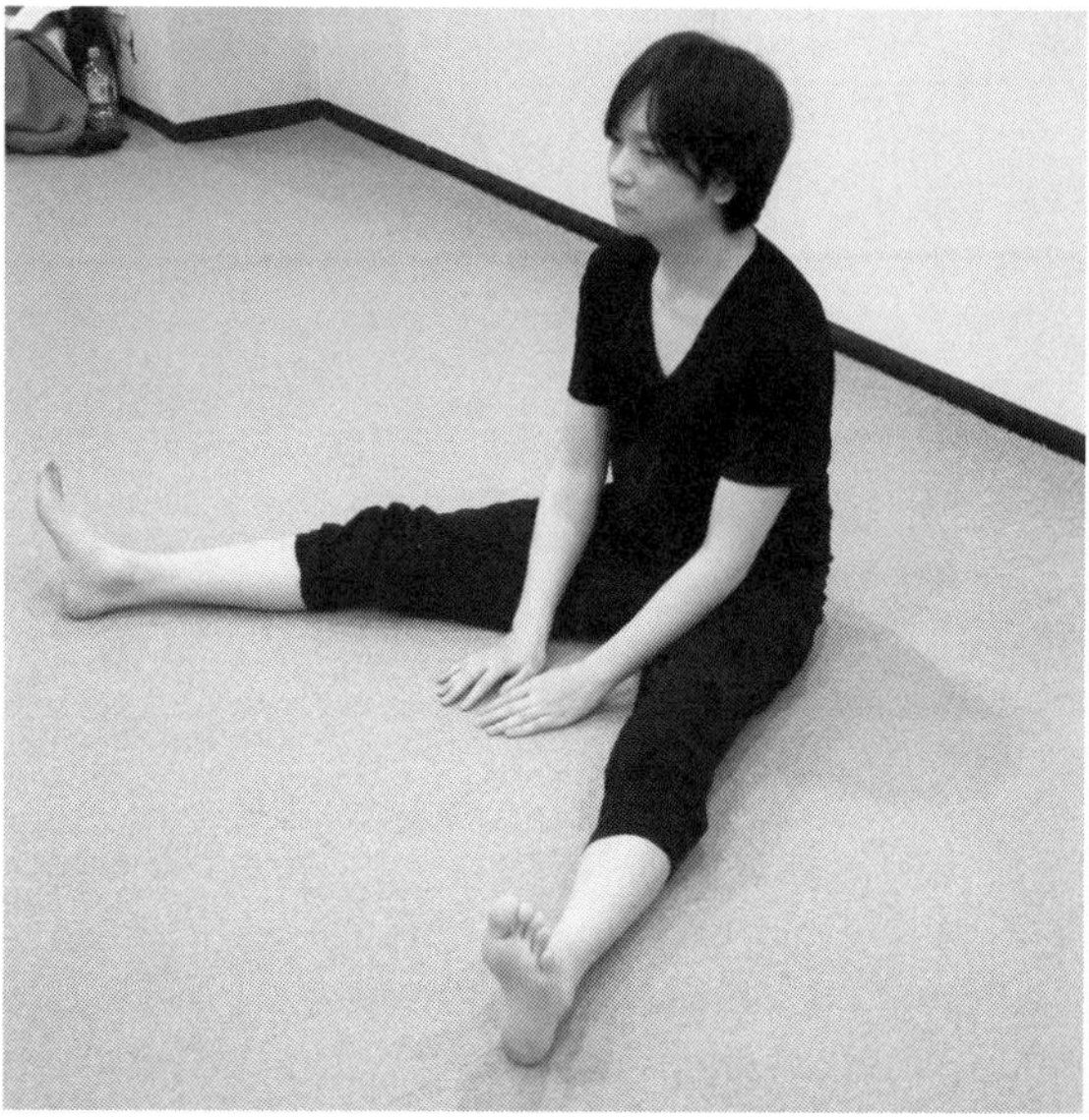

壁に寄りかかって行えば倒れない。ヒザの脇の筋が少し張るくらい開き、3分間キープ。そのうち少しずつ余裕が出てくるので、そうしたらもう少し開くようにする。

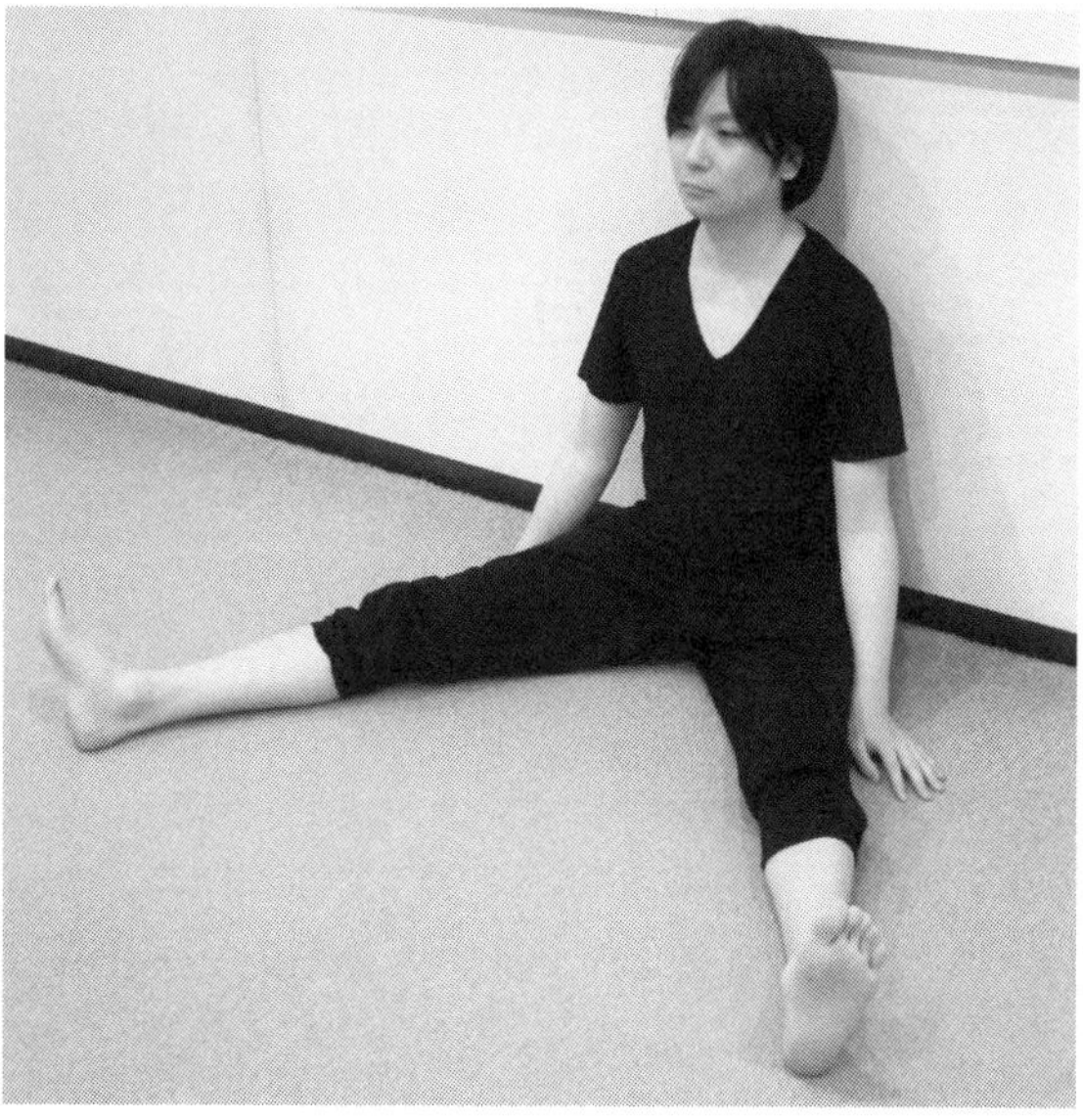

はヒザと太ももの間ぐらいがいいです。そうすると、下になっている足のヒザの裏筋がしっかりと伸ばされます。余裕があれば、さらに上半身を前に傾けます。それによって、ヒザの裏筋がもっと伸ばされます。数分間その状態を保ったら、足を交代して同じようにします。

股関節を柔軟にするポピュラーな練習法は、開脚です。バレリーナや力士は、基本的な訓練として開脚があります。プロのバレリーナは１８０度の開脚ができて当たり前です。力士も同様です。そうして股関節の可動域を広げることで、運動能力や表現能力が、飛躍的に上がるのです。

力士の場合は、腱断裂を起こしてまでも、開脚の練習をすると聞いています。最近はどうなのかは知りませんが、一般的にはそういう極端な練習はお勧めできません。

まずは、開脚してみてください。座って足を開こうとしたら、少し身体が硬い人は、後ろに倒れてしまいます。そういう人は、壁に寄りかかって開脚してください。ヒザの脇の筋が少し張るぐらい開きます。その状態で3分間は保ってください。そうすると、開き具合に少し余裕が出てきます。そうしたら、もう少し広げるようにします。

後ろから押してもらったり、無理やり広げようとするのは危険です。開脚は時間をかけて広げていくのが一番良い方法です。たとえば3分ではなく、10分ぐらいかけて開いていると、目に見えて広がります。そのためには「ながら開脚」をお勧めします。「テレビを見ながら」「パソコン

壁に付けられた突起を手がかりに登っていくスポーツ「ボルダリング」。股関節が柔軟なほど有利そうだが……

を使いながら」「ゲームをしながら」など、何かをしながら開脚をしましょう。それを毎日続ければ、驚くほど広がるようになります。開脚は年齢も関係なくいつからでも始められます。

## 12 履き物について

股関節の柔軟度は、早歩きだけでなく、生きることすべてに関係します。

足を上手に使うには、足の付け根の可動域が広いほうが有利です。股関節が柔軟なほうが有利なスポーツにボルダリングがあります。小さな突起に手足をかけて壁面を登る競技です。最近流行りだしたスポーツですが、各地の公園などにもその施設が設けられるようになりました。

わたしも、股関節が柔軟なので可能性があるかなと思って、やったことがあります。専用の靴を買い、気合を入れて始めました。確かに股関節が柔軟だと、普通の人が届かないような位置まで足が伸びるので、有利な面はありました。

しかし、続かなかったのです。ボルダリングは股関節が柔軟だと有利なのは確かなのですが、それよりもっと必要なのは指の力だったのです。小さな突起を指でつかんで身体全体を支える必要があったのです。わたしは、指の力があまり強くないようで、身体を支えるどころか、小さな突起をつかんでいるのも難しかったです。人には得手不得手があるものですね。

そして、ボルダリング専用靴は足にフィットさせるためか、すごく小さいです。わたしはその靴が合わなかったことも、ボルダリングを続けられなかった要因かも知れません。

スポーツやバレエなどの芸術は、それぞれ専用の靴があります。陸上競技も種目ごとにそれぞれ専用のシューズがあるようです。バレリーナは、つま先立ちをしやすく高さが出て、回転をしやすくするために、足先に麻布や紙の入った「トウシューズ」という特殊な靴を履きます。バレエの初心者は、そのトウシューズで立つことが出来ません。

アイススケートも氷上に立つのが難しいです。わたしは一度だけそのスケート靴を履いたのですが、氷の上で立つことが出来ませんでした。立とうとすると、右か左に傾いてしまうのです。

足首の可動域が広すぎるからのようです。足首が柔軟なのも程度問題ですね。

ヒマラヤ修行のときのわたしは、都会で履いているスニーカーのまま行きます。登山用のしっかりとした靴で来る人もいますが、靴自体の重さがあるので、わたしには向いてないと思いました。それどころか、ヒマラヤで荷物運びをしているポーターの中には、ビーチサンダルで険しい山道を、50キロ以上の荷物を担いで往復する人もいます。さらに裸足で荷運びをするポーターもいました。

そういうポーターやネパールのシェルパ族の人たちは、小柄でスリムです。高山で重い荷物を運ぶには、筋肉隆々の人は向いていません。大柄で筋肉のついている人は、高山病になりやすいです。女性や小柄な男性の方が、高山では有利なようです。

日本の履き物は、草履、雪駄、わらじ、下駄など、基本的に親指と他の4本が離れて履くように作られています。これは、歩くときには有利な履き物です。足で地面をしっかりととらえるには、親指が単独で動かせる方がいいです。

明治以降西洋の靴が日本に入ってきて、現代まで使用されています。そのためか、日本人の歩いたり走ったりする能力や動物的能力は落ちました。とくにバランス能力は、地面に足をしっかりと踏ん張ることで保たれます。その踏ん張る力が5本の指が閉じていると出せないのです。靴

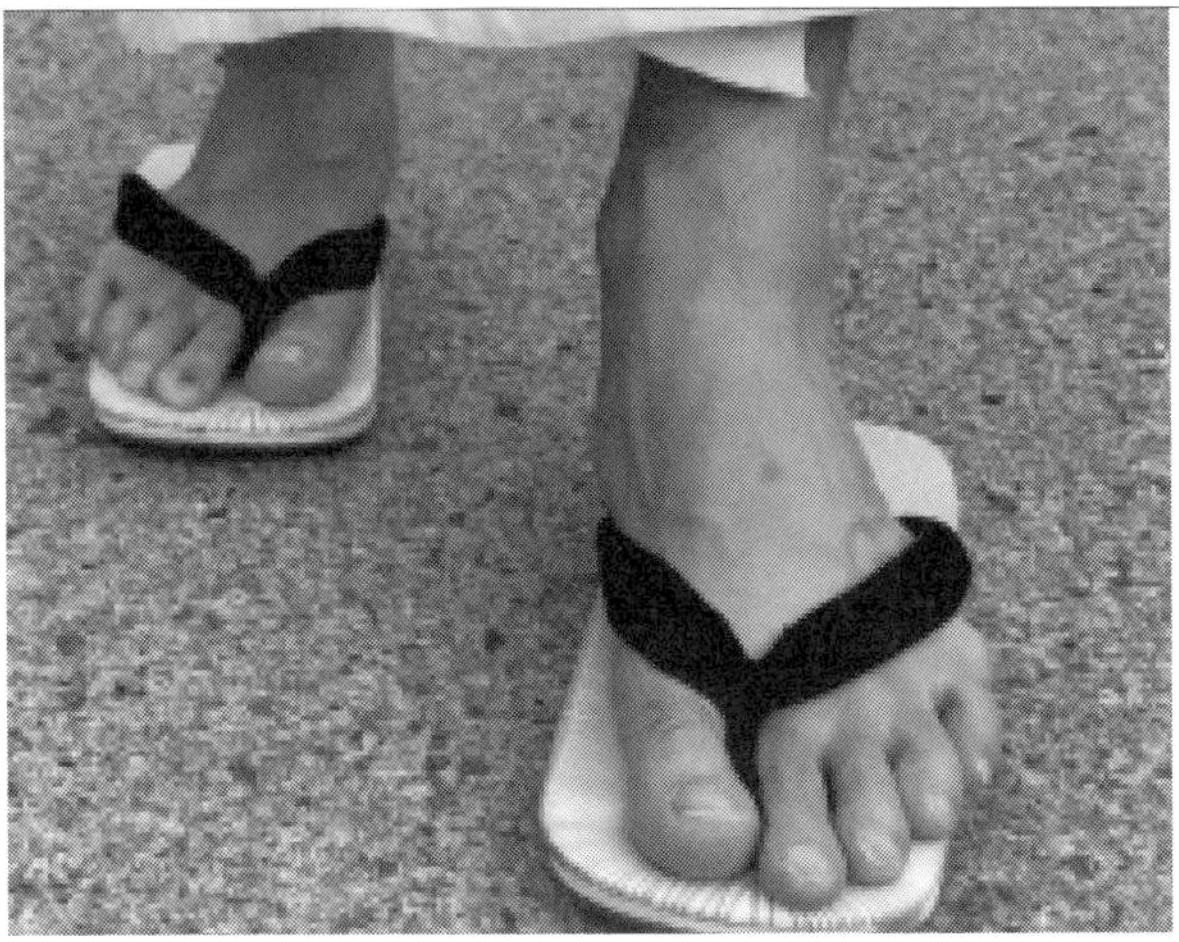

日本の履き物は、親指と他の４本の指が離れて履くようにできており、これが地面をしっかりとらえるのに有利に働く。

の習慣から外反母趾の人も多くなりました。親指を開くことで左右のバランスが取れるのです。親指が内側をむいていたら、バランスを取るのは難しいです。

日本は靴を脱いで室内に入る文化があるので、室内では足の指が解放されます。そのときに前述の足指を拡げたり動かしたりの練習をしてください。

## 13 速歩に役立つ視力トレーニング

速歩に限らず、外を歩くときには周囲に注意を向けて歩く必要があります。それには視力と外界の認識力を高めておきたいです。日常生活では、漠然と風景を見ていることが多いのですが、その習慣が視力減退の要因になっています。歩かなければ足が弱くなるのと同じように、焦点を合わせなければ焦点能力は落ちて

## 視力トレーニング1

外で広告看板などを眺める時、その中の一つの文字や数字だけをみてそこだけに焦点が合うようにする。

視力は弱くなるのです。

駅のホームでの待ち時間で広告看板を見たら、その中の一つの文字や数字だけを見るようにします。普通は看板全体を何となく見てしまいます。それでは視力アップになりません。看板の中の、一つの文字に焦点が合ったら、すぐに違う看板に目を移してその中の一つの文字に焦点を合わせるようにします。普段からそういう習慣を身につけていると視力が落ちることはなくなり、むしろ視力が上がります。

その習慣は単に視力を上げるというだけではなく、集中力の強化になるので、仕事上でもミスや失敗が減ることになり、結果的に速歩に活かされます。

視力トレーニングの基本は、2ヶ所交互に焦点を合わせ、そのスピードを早くすることです。目の前に親指を2本重ねて立てて、交互に焦点を合わせる

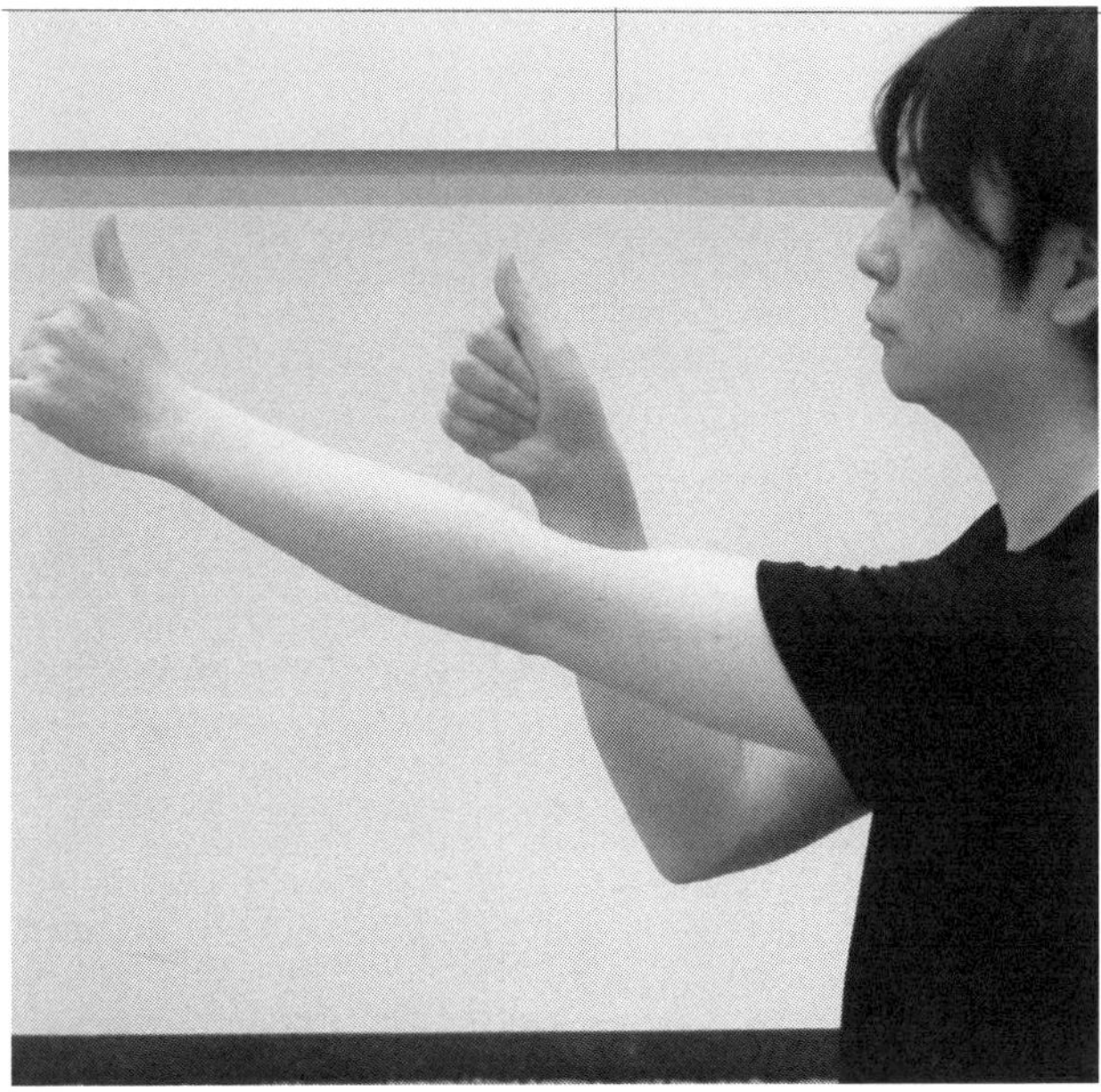

## 視力トレーニング2

目の前に両手親指を違う距離に一線上に立て、交互に焦点を合わせる。焦点移動のスピードを徐々に早くしていく。

ようにします。遠くの指に焦点を合わせたら、すぐに近くの指に焦点を合わせます。遠く、近く、遠く、近くという具合にして、焦点移動のスピードを徐々に早くしていきます。近視の人は遠くの指が焦点の合う距離にして、近くは顔との中間地点に置くようにします。

また、1・2以上の視力の人は、遠くを景色のどこか1つの文字などにして、顔との間に片手の親指が入るようにして、その2つのポイントで交互に集中するようにします。遠く近くを1回として、10回1セットで1日3回以上やってください。毎日こういう訓練ができない人は、日常生活の中で景色の一点に焦点を合わせる習慣を身につけるだけで十分です。

## 14 眼球の筋トレ

速歩で周辺の状況をしっかりと把握しながら目的地まで行くためには、眼球の筋トレをしておくといいです。

普通に考えるなら、上下左右をみたり、眼球をぐるりと回したりする方法があります。しかしそれでは中途半端です。なぜなら右を見る、というと私たちは「右の方」を見ても、眼球がこれ以上は右にいかない、というところまでやらないからです。どうせやるなら最大限のところまでもっていった方が眼球の筋トレになります。

そこで、私が指導している方法を説明します。基本的には上下左右、斜め上、斜め下を見るのですが、実際には見えない部分を見るように努力するのです。

眉間（上）↓のど（下）↓左眉（左斜め上）↓右肩（右斜め下）↓右眉（右斜め上）↓左肩（左斜め下）↓右耳（右）↓左耳（左）というぐあいです。ゆっくりでも正確に最大限眼球を動かすことが大切です。顔は正面を向けて、絶対に動かさないようにします。

# 眼球の筋トレ

上下左右、斜め上、斜め下の〝見えない部分までを見る〟ように努力することによって眼球を大きく動かしていく。「上」を見たら「下」、「右斜め上」を見たら「左斜め下」と対角線状に。

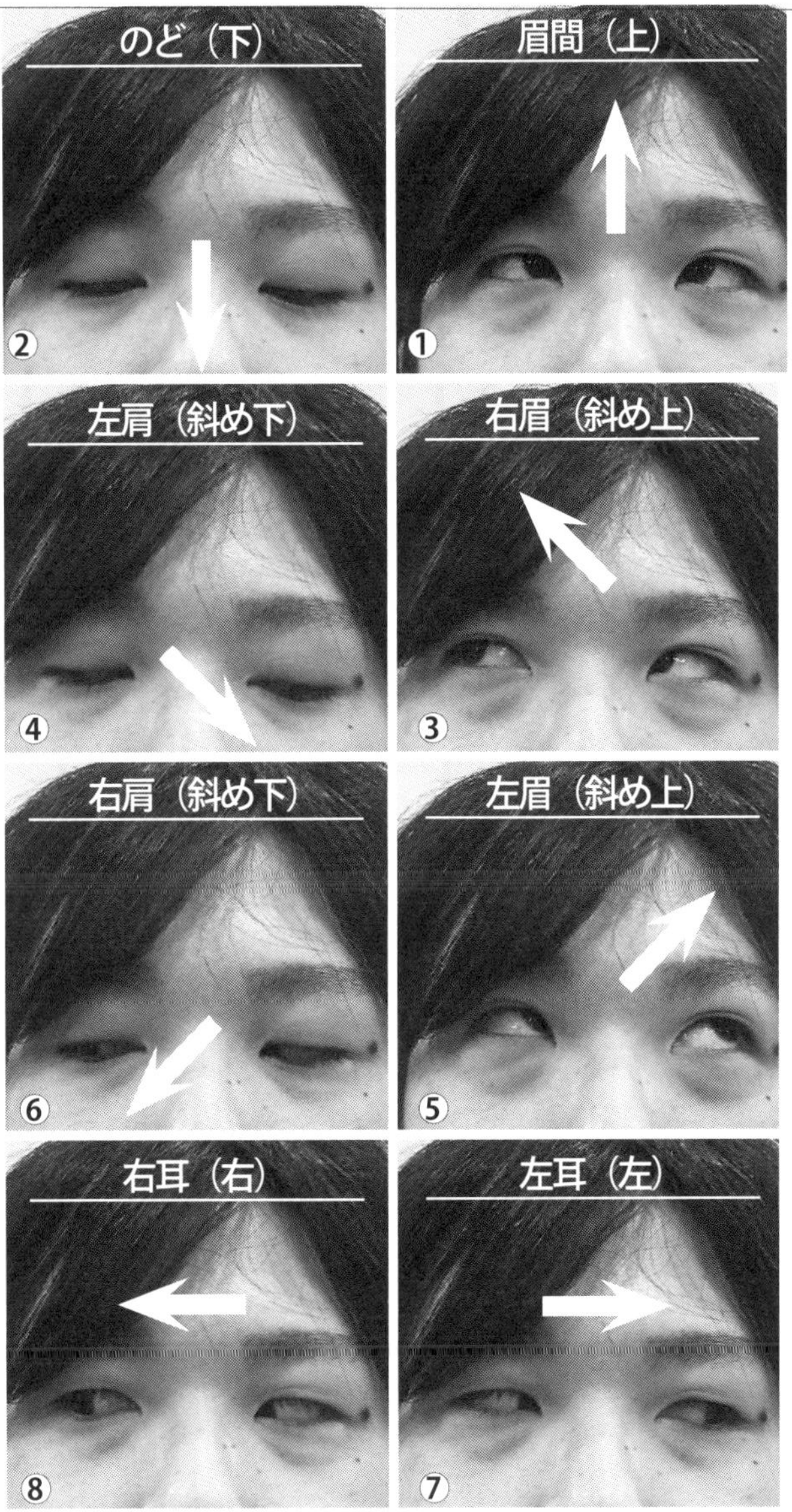

眉間から始めて左耳までで1ラウンドが終わり、一旦自分の鼻先を見ます。「右目で鼻先を見て、左目で鼻先を見る」というのを4回やったら、2ラウンド目に入ります。この方法で、3ラウンドを目安に練習しましょう。そして少し慣れたら移動のスピードを上げます。ただし、スピードが早くてもいいかげんにやってしまっては意味がないです。正確に眼球を移動してできる範囲でスピードを上げましょう。

## 15 時計の秒針を腕で表現する

上手に歩くためには、細かな身体のコントロール能力が必要です。スポーツでも芸術でも身体を使うものは、すべて身体をいかにコントロールするかです。細かなコントロールができるほど、成績も上がるし評価も高いのです。

そこで、腕を使って時計の秒針の動きを再現しましょう。手のひらを下にして、ヒジを直角に曲げた右手を胸の前に持ってきて、ヒジから先は曲げないで平らにしてそれを秒針だと思ってください。左手で右ヒジを下から支えておきます。秒針の中心軸をずらさないためです。

ヒジを固定点として、その秒針にあたる腕を少し上げて止めるというのを繰り返します。動作

## 身体コントロールを微細にするトレーニング1

手を時計の秒針に見立てて、水平の状態から少し上げて止める。精確に時計の数字の位置（2時、10時＝30度、1時、11時＝60度、12時＝90度）。90度までいったら、60度、30度、水平と戻していく。逆側の手でも同様に行う。

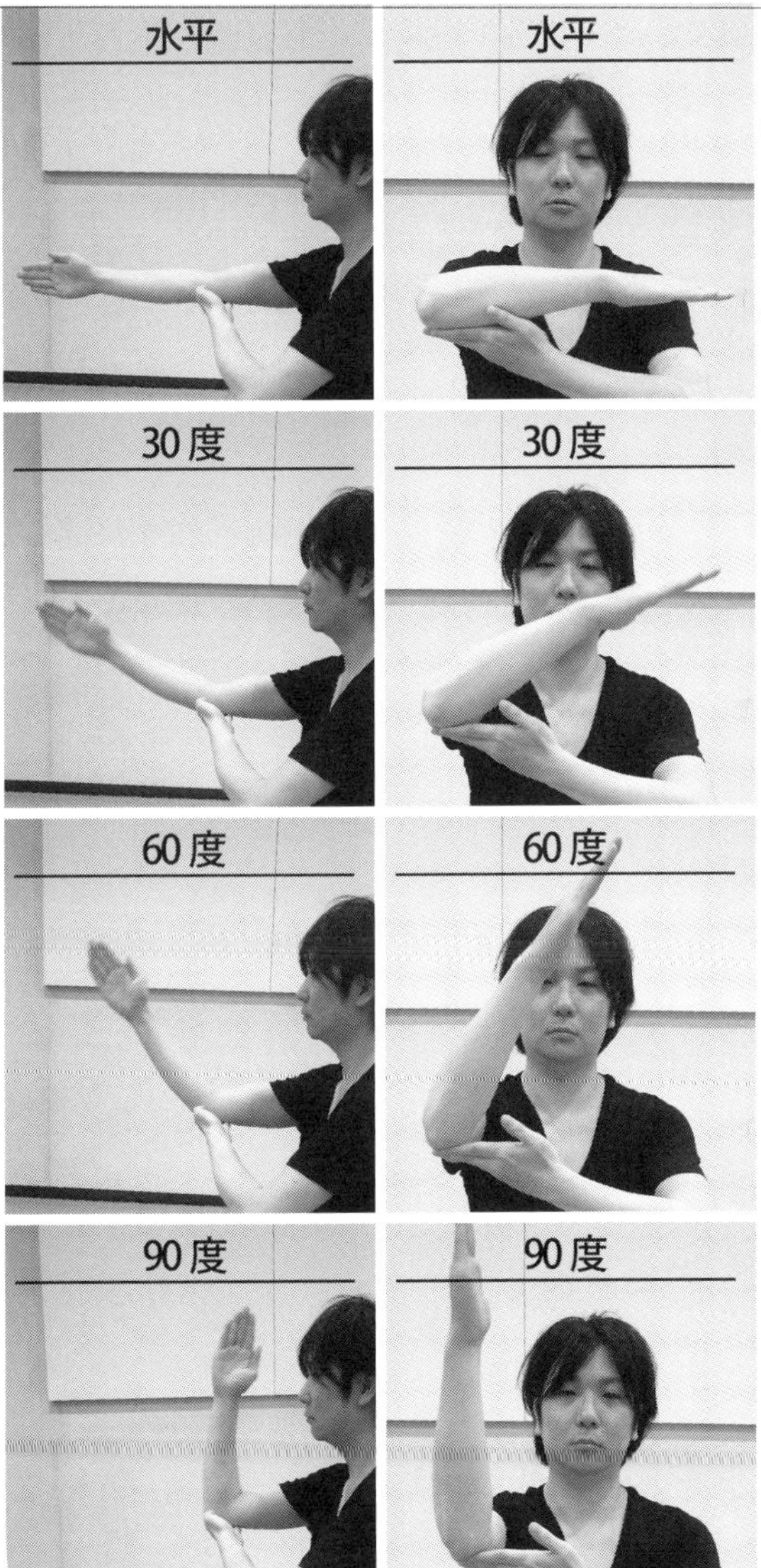

の確認として、指先が真上に来るまで上げて止める、下ろして止めるという動きを3回繰り返します。均等なスピードで上げ下ろしをして、真上と真横でピタッと止めます。

同じことを左手でもします。右手で左ヒジを下から支えておくのも同じです。

次に右腕をまっすぐ前に出します。左手で右ヒジを下から支えておきます。時計の数字の部分で止めながら真上までと真横までの動きをします。右手は10、11、12、11、10、9で、左手は2、1、12、1、2、3となります。角度は30度、60度、90度のところで止めることになり、その3分割が均等になるようにします。

30度上げたらピタッと止める、60度上げてピタッと止める、指先が真上に来る90度まで来たら、60度、30度、水平と戻ります。反対の手でも同じように練習します。

これを基本として、さらに細かな動きにします。同じ方法で秒針の動きにして、15回で真上に来ます。少し先の位置で正確にピタッと止める、というのを連続できるようにしてください。同じ位置に戻ったり、下がったりしてはダメです。また1回ごとの間隔がバラバラでもダメです。均等の間隔で真上まで来るようにします。秒針を再現するので、時間も15秒で真上に来るといいです。そして水平まで戻します。戻しは、見ている側の人には、秒針が進む方向になります。

反対の手でも同じように練習します。90度を均等に分割して等間隔に止めるには、ちょっとし

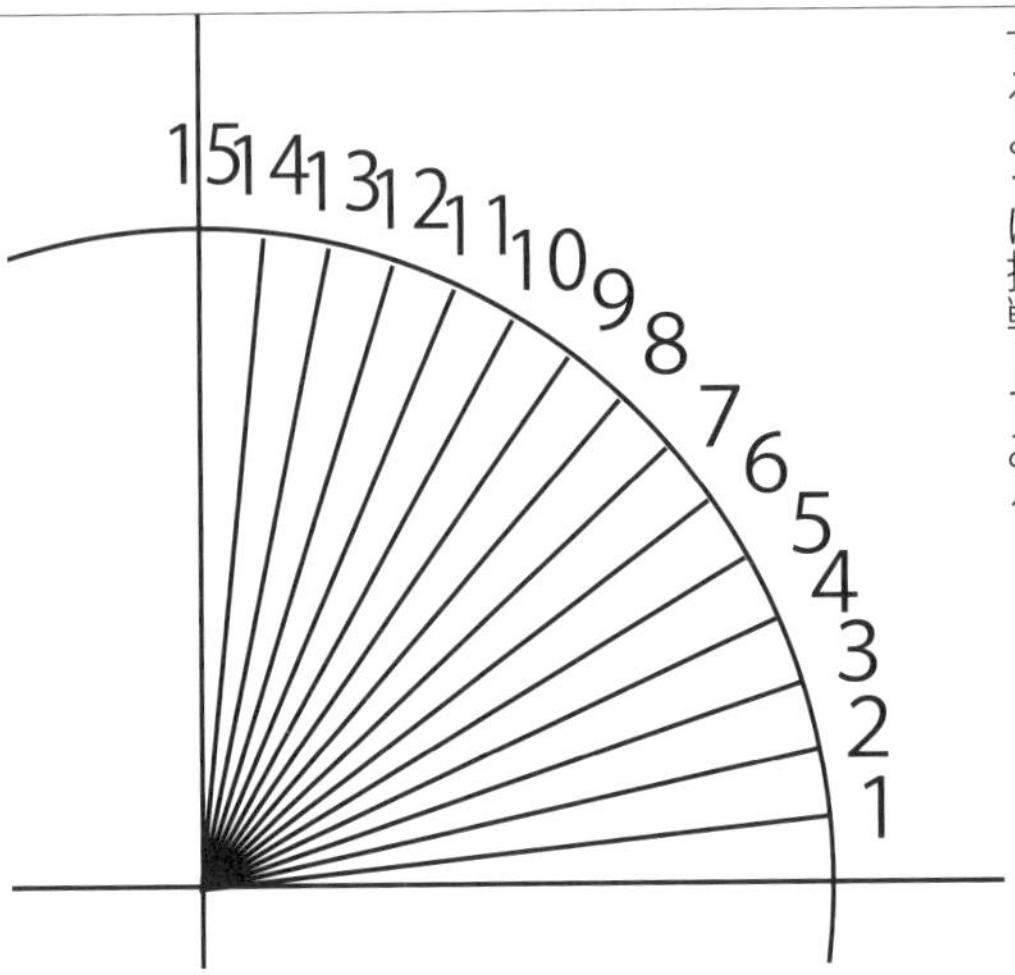


水平から3回で90度となる30度ごとの感覚に慣れたら、さらに細かく、15回で90度（6度ごと）とするように挑戦してみる。

たコツがあります。それは3分割した1つの部分を5つに分けるようにするのです。つまり最初の5つで3分の1、次の5つで3分の2、最後の5つで90度となるようにします。そうすると、かなり間隔が均等になります。2人以上で交代でやってみて、チェックしてもらうといいです。

この練習に慣れたら、同じ要領で、上げていくのではなく、横移動で前に持って行って戻します。ちょうど上から秒針を見るようになります。これも3分割と15分割を、右腕と左腕で練習しましょう。

この練習で、身体を細かくコントロールすることに慣れましょう。それによって、速歩での一歩いっぽの足運びが正確にできるようになります。

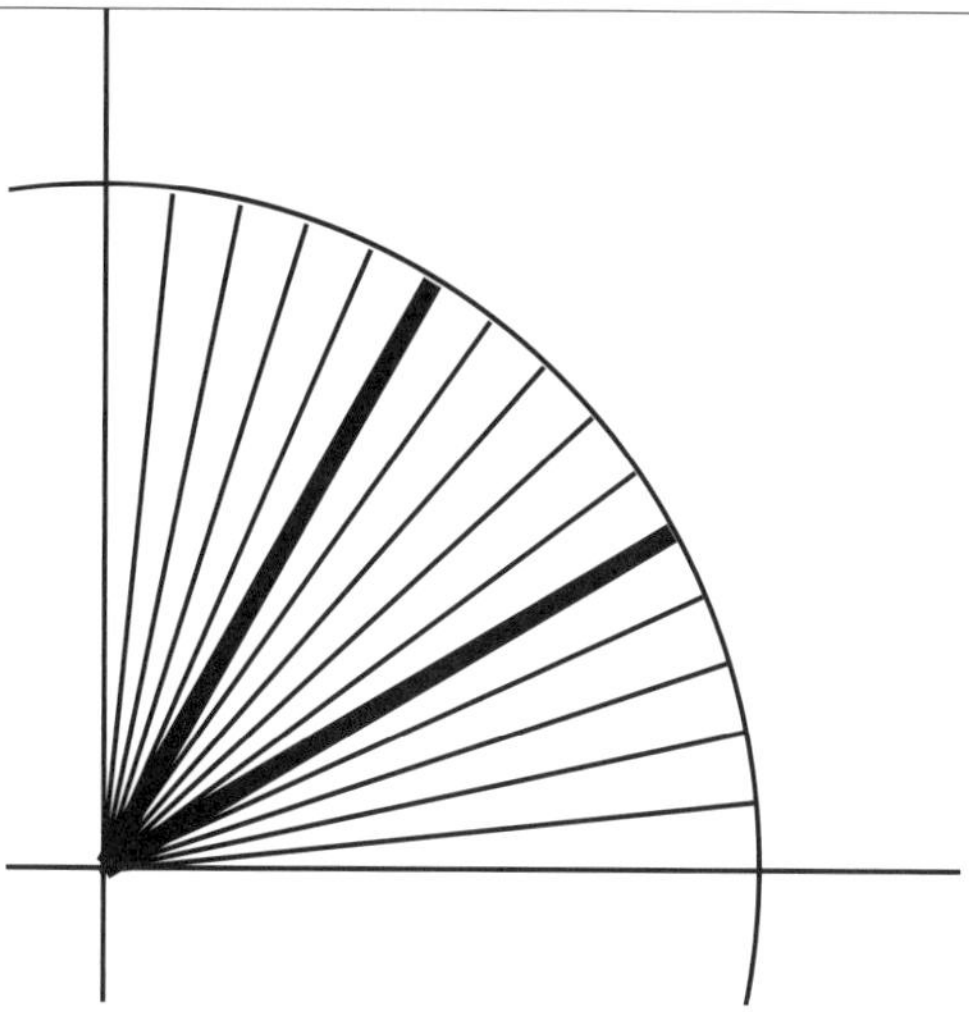

「15回で90度」を普通に1、2、3…と重ねていって15回やろうとすると、大体オーバーしてしまう。コツは、まず3分割（30度）を基準として、それぞれを5分割すること。結果として最初の5回で3分の1、次の5回で3分の2、次の5回で90度、となる。

## 16 カカトの階段

同じような細かなコントロールを、カカトでします。

少し足幅を取って立ちます。カカトを少し持ち上げてピタッと止める、少し上げてピタッと止める、というのを繰り返して、つま先立ちでバランスを保てるギリギリまでします。階段を一段ずつ踏み込みながら昇っていくのと似た感じです。1センチずつ上げていくイメージを持つといいです。カカトを止めるときに少し沈み込んだようになります。上半身はなるべくリラックスした状態にして、腕にも力が入らない方がいいです。

最初は肩幅より少し広く足幅を取ってください。

# 身体コントロールを微細にするトレーニング2

カカトをほんの少し上げて止め、さらに少し上げて止め、という事を繰り返し、できるだけ多い回数で最高点に達するようにする。身体コントロールが精度において追いつかないと、すぐに最高点に達してしまったり、上げて少し戻してしまったり、ということが起きる。１センチずつ上げていくイメージで。

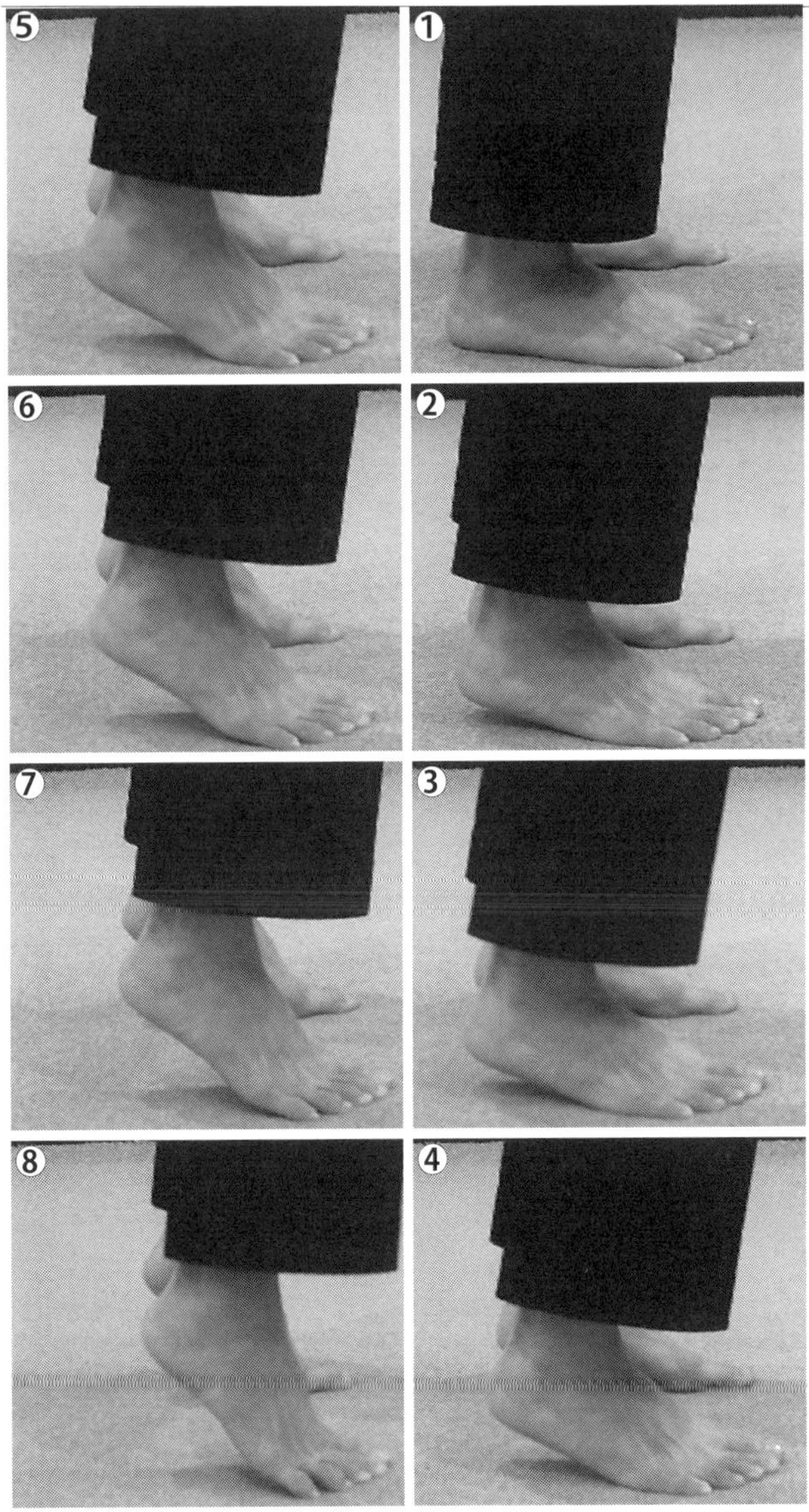

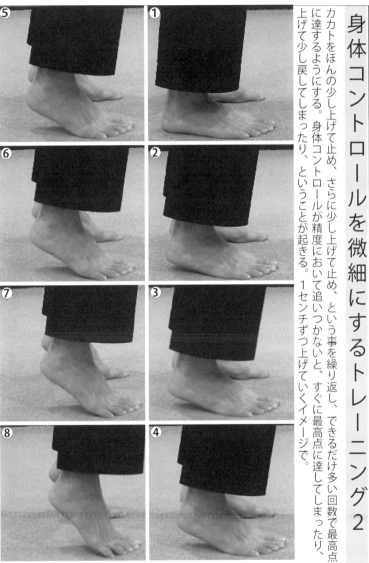

少し前傾して足先に体重がかかるようにしてスタートします。慣れたら肩幅ぐらいにして、さらに大丈夫なら肩幅より狭くして、挑戦してください。足幅が狭くなるほど、バランスを取るのが難しくなります。

これも腕の秒針と同じ要領です。同じ位置に戻ったり、下がったりしてはダメです。また1回ごとの間隔がバラバラでもダメです。均等の間隔でつま先立ちまでもっていくようにします。平均10回前後を目安にします。その間バランスを崩さないようにすることが、難しい点です。

## 17 体内旅行

意識を働かせる本格的な練習を紹介します。速歩と関係ないと思う人がいるかもしれませんが、むしろ「意識を働かせる」ことが、効率よく速く歩くために大切なのです。

体内の54か所を一か所ずつ意識しながら移動していく方法です。体内に意識を向けるには、意識しやすい部分を選ぶ必要があります。ヨーガの集中練習法では「眉間」への集中がポピュラーですが、それは一般的ではないです。自分の身体に意識を向けるときには、なにしろ「判りやすい」ことが最重要です。

たとえば「眉間」は、言葉の意味からいえば眉とまゆとの間ということになります。ヨーガではアージュニャー・チャクラ（命令輪）とされ、第3の眼とか霊眼と呼ばれていて、仏画や神様絵には、眉とまゆの間から少し上の位置に描かれています。眉間のチャクラということになると、さらに肉体上の部位ではなくなるので、位置の特定が難しいです。そういう特定の難しい部分は一般的な集中には使わない方がいいです。

そこでまずは手の指からスタートします。右手の小指、薬指、中指、人差し指、親指という順序で意識を向けます。漠然と意識を向けるのではなく、はっきりとした肉体感覚を持つようにします。そのために頭の中で「右手の小指」と意識するときに、左手で右手の小指を握ってください。その要領で他の4本の指も順番に握って確かめます。その感覚が残っているうちに、もう一度小指から親指まで、左手で握らずに、そのまま意識の移動をしてください。意識できたなと実感しながら、次の指に移動します。

5本の指の次は手首です。同じように左手で握って確かめてから、意識だけを働かせるようにします。同じ要領で、ヒジ、肩、ノドと進みます。ノドは左手で触ってもいいのですが、たとえば咳をするとか声を出すとかでも確認できます。

ノドの次は胸、腹、肛門と進みます。胸と腹は自分が意識を向けやすい部位に手を当てて確かめます。肛門は手を当てなくても、肛門を締めて緩めるという動作で確認できます。

次に、右股関節、右ヒザ、右足首、右足の小指、薬指、中指、人差し指、親指と進みますが、これも手を使って確認してから、もう一度意識だけを使ってしてします。薬指、中指、人差し指の3本は、意識するのは難しいですがトライしてください。

その先は、たどって来たコースを戻ります。足首、ヒザ、股関節、肛門、腹、胸、ノドまでです。ここまでで27か所の部位を移動しました。そこから、同じ要領で左手の小指から始めて左半身を実践します。

左右を終えると54か所になります。その後は、反対の手での確認作業をせずに実践します。そのときに手のひらでヒザを包むようにして、5本の指は、1本ずつヒザに圧を加えながら意識します。ノドはいきむなどして、ノドの部位を実感します。胸と腹は意識だけを使い、肛門は締めて緩めるようにします。その先は、なるべく意識だけを働かせるようにして進みましょう。

体内旅行の順序を整理します。

(右27か所) 右手小指↓薬指↓中指↓人差し指↓親指↓右手首↓右ヒジ↓右肩↓ノド↓胸↓腹↓肛門↓右股関節↓右ヒザ↓右足首↓右足小指↓薬指↓中指↓人差し指↓親指↓右足首↓右ヒザ↓右股関節↓肛門↓腹↓胸↓ノド

体内旅行（右 27 か所）

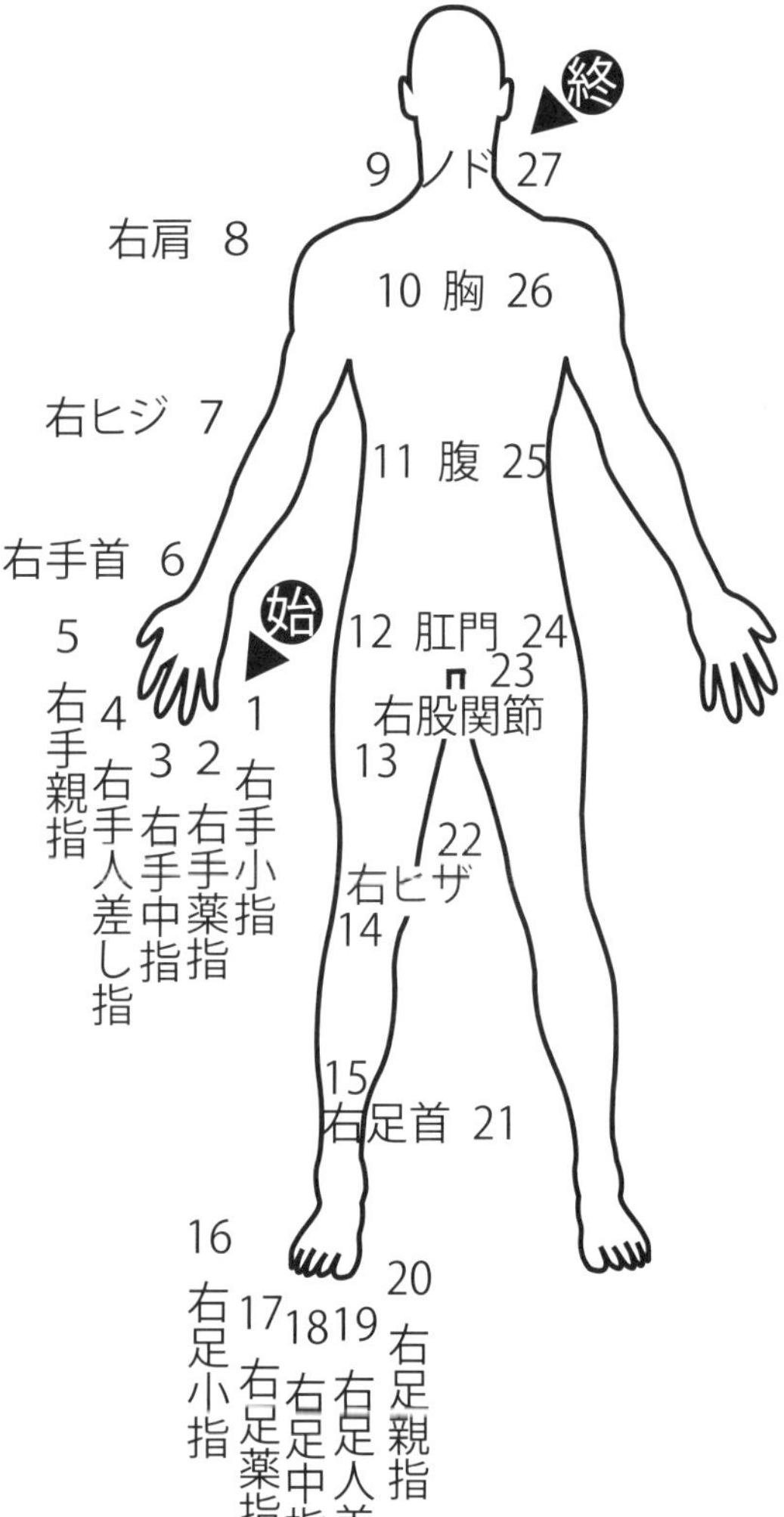
終
9 ノド 27
右肩 8
10 胸 26
右ヒジ 7
11 腹 25
右手首 6
始
12 肛門 24
23
右股関節
13
5
右手親指
4
右手人差し指
3
右手中指
2
右手薬指
1
右手小指
22
右ヒザ
14
15
右足首 21
16
右足小指
17
右足薬指
18
右足中指
19
右足人差し指
20
右足親指

## 体内旅行（左27か所）

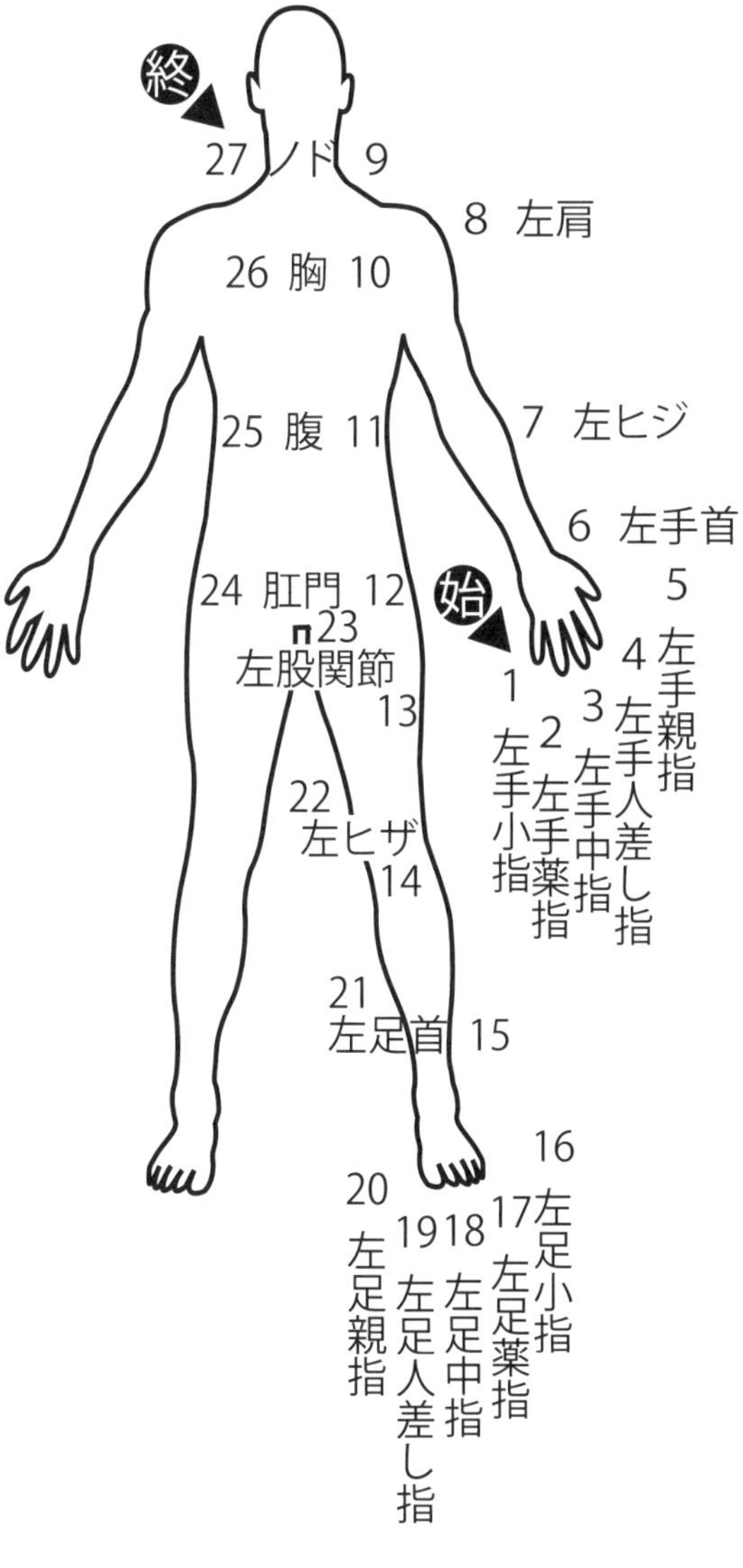
終
27 ノド 9
8 左肩
26 胸 10
7 左ヒジ
25 腹 11
6 左手首
24 肛門 12
始
5
23
左股関節
4 左手親指
1 左手小指
3 左手人差し指
2 左手薬指
左手中指
13
22
左ヒザ
14
21
左足首 15
16
20 左足親指
19 左足人差し指
18 左足中指
17 左足小指
左足薬指

（左27か所）左手小指↓薬指↓中指↓人差し指↓親指↓左手首↓左ヒジ↓左肩↓ノド↓胸↓腹↓肛門↓左股関節↓左ヒザ↓左足首↓左足小指↓薬指↓中指↓人差し指↓親指↓左足首↓左ヒザ↓左股関節↓肛門↓腹↓胸↓ノド

この54か所で、意識しにくい部位があれば、そこは握ったり触れたりして、確認しながら進みましょう。なんとなくではなく、はっきりと「意識」を働かせることが重要です。それができるようになると、歩くときに身体がどのように使われているのかを理解できるようになります。

そして、歩くために使われている部位をピンポイントで確認して、修正することが可能になってきます。足首がどう使われているか、ヒザがどのように機能しているか、腰の動きにムダがないか、などです。それが、「意識を働かせる」ことの大切さです。

この体内旅行も、最初はゆっくりと確実に進めます。徐々に慣れてきたら「体内速歩旅行」になるように、スピードを上げていきましょう。

# 第3章

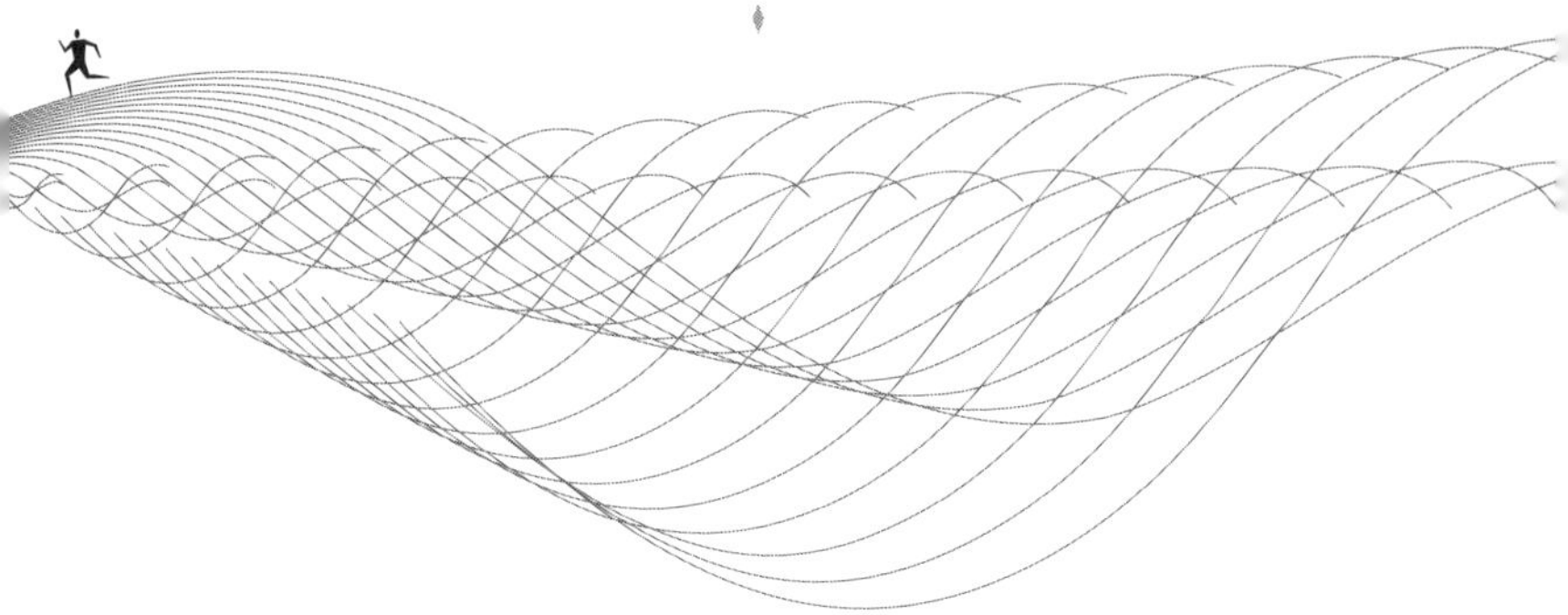

# 競歩から速歩へ

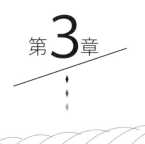

## 1 古代の長距離走

太古の時代の人類は、狩猟生活をしていました。人間が獲物として狙う動物との追いかけっこであり、命がけの力比べです。歩ける、走れるという動物的能力が、生き抜く必須条件でした。それに比べて現代人は歩けなくても、走れなくても生きていけます。それは科学の進歩であり、現代文明のたまものです。もちろん現代人が食糧確保のために狩猟する必要もありません。その代わり、身体能力も生命力も古代人と比べて低下しています。

走る能力は、古代の戦争においては必要不可欠でした。軍事訓練として100㎞の長距離レースをしていたそうです。その100㎞というのは、現代の「ウルトラマラソン」と同じ距離です。19世紀初頭までは、こうしたレースで活躍した人が、伝令の役割りを果たしていたのです。また、240㎞を走り抜ける「スパルタスロンレース」は、ギリシャ時代の援軍要請の故事から来ているとされています。古代から近代にかけての戦争では、同盟国と情報交換して戦略を共有するのも、前線からの援軍要請も、作戦の伝令も人の脚力が頼りでした。

日本の戦国時代も同じようなもので、乱波、間者、隠密、忍者といった存在が暗躍していまし

た。江戸時代になってからは、江戸京都間や全国各地に書簡を届ける飛脚が活躍していました。極秘情報も重要書類も、人力に頼って届けていたのです。

## 2 初めての競歩レース

オリンピック種目に競歩があります。歩く速さを競う競技です。

競歩は、もともと一定時間にどれだけの距離を歩いたかを競ったイギリス発祥の競技です。ローマ時代の軍事訓練を競技として取り入れたのが始まりとされています。その時代の兵士には、しっかりと早く歩くことが求められていたのでしょう。

1809年、イギリス人バークレーが1000マイル（約600㎞）を42日間で歩いたという記録が残っています。このネット情報の記録は、1000マイルだとしたら、600㎞ではなく1600㎞になるはずです。それならば、一日平均38㎞なので、かなりハードだったでしょう。それだけの長距離を、この日数で歩いたという記録は珍しかったのだと思います。

そのイギリスで、クリケット場などのグラウンドを使った試合では、1866年3月23日に開催された「第1回アマチュア陸上競技クラブ（AAC）大会」があります。「7マイル（11・265㎞）競歩」が初めて採用されました。おそらくこの大会が、競歩の初めてのレースだったのだと思われます。

7マイルという距離は、距離が長すぎず、短すぎずということで決められたようです。現代のトラック競技でも10000mが一番長いので、7マイルはほぼ同じです。マラソンのような路上コースならば40㎞、50㎞という長距離も可能ですが、グラウンドではその長距離は難しかったのです。また、距離が短いとスピードを競うあまり、両足が地面から浮いて走ってしまう可能性があると当時の人は考えたようです。しかし現代では、そういう発想にはならないと思います。

この大会ではケンブリッジ大学の学生J・チャンバースが優勝し、記録は59分32秒でした。

## 競歩大会の記録

| 年月日 | 距離 | 開催名 |
|---|---|---|
| 1866年3月23日 | 7マイル（11.265km） | 第1回アマチュア陸上競技クラブ（AAC）大会 |
| 1906年 | 1500m・3000m | 近代オリンピック復活10周年記念大会 |
| 1908年 | 3500m・10マイル | ロンドンオリンピック |
| 1912年 | 10000m | ストックホルム大会 |
| 1920年 | 3000m・10000m | アントワープ大会 |
| 1923年 | 800mから2500mまで<br>女子種目が加わる | イギリス女子選手権大会 |
| 1924年 | 10000m | パリ大会 |
| 1926年 | 1000m | イェーテボリ世界女子選手権大会 |
| 1928年 | 中止 | アムステルダム大会 |
| 1932年～ | 50kmが正式種目<br>競歩の定義が定められた | ロサンゼルス大会 |
| 1948年 | 10000m・50km | ロンドン大会 |
| 1952年 | 10000m・50km | ヘルシンキ大会 |
| 1956年 | 20km・50kmの2種目がオリンピックや世界選手権での公式種目となる | メルボルン大会 |
| 2017年5月 | アメリカの女子選手が<br>50㎞に出場 | 世界チーム選手権 |
| 2017年 | 女子50kmが採用される | ロンドン世界選手権 |
| 2021年 | 50㎞最後の大会<br>50㎞はこの先廃止 | 東京オリンピック |
| 2022年 | 20㎞と35kmが公式となる | 種目オレゴン世界選手権 |

## 3 競歩は反則を防ぐために長距離にした

走るのではなく「歩く」というのを守ることが、競歩の最大の課題です。

オリンピックの競歩は、1906年にアテネで行われた「近代オリンピック復活10周年記念大会」で1500mと3000mの2種目でした。1908年の「ロンドン大会」では3500mと10マイル、12年の「ストックホルム大会」では10000m、20年の「アントワープ大会」では3000mと10000m、24年の「パリ大会」では10000mのみが行われました。

このころは、競歩の距離設定は試行錯誤中でしたが、10000mが一番多く採用されていたようです。

その後、トラックで実施された「7マイル競歩」の判定をめぐってのトラブルから、1928年の「アムステルダム大会」では中止となりました。しかし、その4年後の「ロサンゼルス大会」からは、メイン・スタジアムをスタート・フィニッシュとする路上での50㎞競歩が開催されました。同時に競歩の定義が「いずれかの足が常に地面から離れないように前進することである」となりました。

この定義は、歩く競技の大前提として必要です。

両足が地面から離れたら、走りになってしまいます。歩くことと走ることの違いは、この一点だけです。誰がやってもはっきりと判ることです。歩いていて、少し早くしていって、もっと早くしようとすると、両足が地面から離れてしまいます。つまり走ってしまうのです。

「ロサンゼルス大会」でいきなり50㎞という、マラソンよりも長い距離になりました。その理由は、走っても歩いても結果的に記録が変わらないような長い距離にすることで、競歩であるかどうかの難しい判定を避けようとしたのだそうです。

しかし、この考え方は、あまりにもいい加減だと思います。距離を長くすれば、走る記録と同じぐらいになるからというのは「走っても歩いてもいいよ」といっているようなものです。それでは競歩の意味がないとわたしには思えます。たしかに当時の走るスピードは、現在のマラソンほど早い記録は出なかったのだと思います。だから、長距離にすれば歩いても走ってもそれほど変わらない記録になったのでしょう。しかし、前述したように、歩くのと走るのでは、明らかに違うのです。走ってもよければ、競歩にならないです。

歩く競技の判定は難しくないです。両足が同時に地面から離れなければいいのです。

それでもロサンゼルス大会以後「競歩」は、オリンピックや国際的な大会では、路上で長距離

を「歩く」ことによって、「走る」動作を未然に防ぎ、反則をめぐる審判上のトラブルや失格者が出ないような方法で実施するということになりました。つまり、審判上のトラブルを回避するために、50㎞という長距離で競うということになったのです。その方法で、1932年ロサンゼルスオリンピックから50㎞競歩が正式種目となり、長距離を競う種目となりました。

長距離にすれば、走る動作を防げるという考え方そのものに疑問があります。走る動作になってしまうかどうかは、距離とは関係ないです。50㎞にすれば反則をめぐる審判上のトラブルや失格者が出ないという考え方を、当時の人たちは納得したのでしょうが、冷静に考えればおかしなものです。

長距離にすればするほど、逆に反則の審判が難しくなるはずです。長距離になるということは、審判員が確認できない距離が長くなるということです。その意味ではロードレースは、審判するのが難しいです。トラック競技ならかなり公正な審判が期待できます。

第二次世界大戦後のオリンピック大会では、1948年の「ロンドン大会」、1952年の「ヘルシンキ大会」で50km競歩のほかにトラック内で再び10000m競歩を行いました。

しかし、国際的な支持は得られず、1956年の「メルボルン大会」からは周回の道路を使った20km競歩と、50km競歩との2種目がオリンピックや世界選手権での公式な種目となりました。もしかしたらこのときも「長距離にすれば反則を防げる」という、おかしな考え方が残っていたのかもしれません。

## 4 50km競歩は消える

そして女子は、1923年に始まった「イギリス女子選手権大会」で800mから2500mまでのさまざまな距離で、競歩が行われました。1926年のイェーテボリでの「世界女子選手権大会」ではトラック内で1000m競歩が実施されました。2017年5月に開催された世界陸連（当時 国際陸連）主催の世界チーム選手権には、アメリカの女子選手が50㎞に出場。２０１７年のロンドン世界選手権で女子50㎞競歩が採用されて以降、日本国内でも女子の50㎞のレースが行われてきました。しかしその女子種目は、オリンピックでは実施されず、２０２２年のオレゴン世界選手権では35㎞競歩が公式種目となりました。

１９５６年の「メルボルン大会」から65年を経過して、２０２１年の東京オリンピックを最後に、50㎞競歩は廃止されることとなりました。２０２２年からは、新たに35㎞競歩が導入され、20㎞競歩と35㎞競歩の2種目が主要国際大会の現在の公式種目となっています。

マラソンはオリンピックでも人気があり、市民マラソンも盛んに開催されています。それに対して、市民競歩という言葉は聞いたことがありません。競歩はオリンピックでも、一般的なスポーツとしても、衰退の方向に向かっていると言わざるを得ません。わたしは競歩はしませんが、早く歩くことを習慣的にしているので、50㎞競歩が消えることは残念に思います。

## 5 競歩のルール

競技としての「競歩」の現在のルールは主に二つあります。一つは、常に片方の足が地面から離れないように歩くということです。両方の足が地面から離れると「ロスオブコンタクト」という違反になります。走ると両足が浮いた状態になるので、あくまでも「歩く」という競技の特徴として片足が着地している必要があるのです。

もう一つは「ベント・ニー」といって着地した足が身体の真下にくるまでヒザを曲げずに、まっすぐ伸ばしておくというルールです。オリンピックの正式競技になり、ルール化が必要になり、その結果こういうルールが生まれたのだと思います。

もともとは、ヒザを曲げないというルールはなかったので、単に歩く距離とかスピードを競っていました。しかし、現在はこのルールがあるので、見た目には腰をクネクネしながら歩くので、おかしな歩き方に見えます。この「ベント・ニー」というルールがいつから採用されたのかは、ネットでは確認できませんでした。

このルールになったのは、ヒザを曲げるとその反動で延ばしたときに走る行為になってしまうかららしいです。つまり、ジャンプのような状態が作られると、走ってしまうから、ヒザを曲げないようにというルールになったようです。

しかしこのルールには違和感を感じます。

ヒザを曲げてもその反動で伸ばすということをしなければ、問題ないはずです。その点だけで、

# ベント・ニー

競歩では、足が接地してから（1図）、その足が垂直の状態になるまで（2図）の間、ヒザを伸ばしておかないと「ベント・ニー」という反則になる。

1

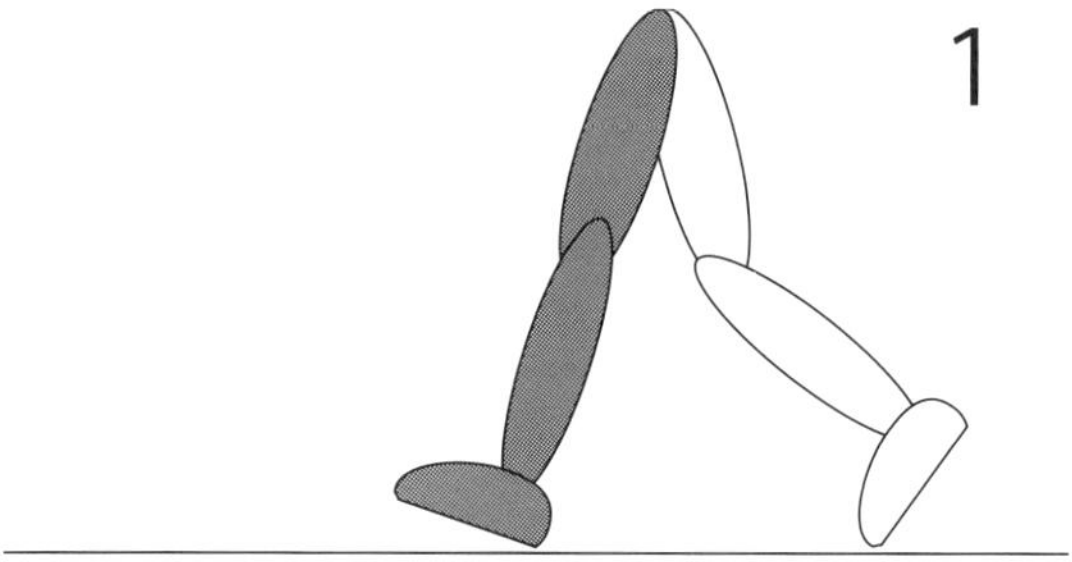

2

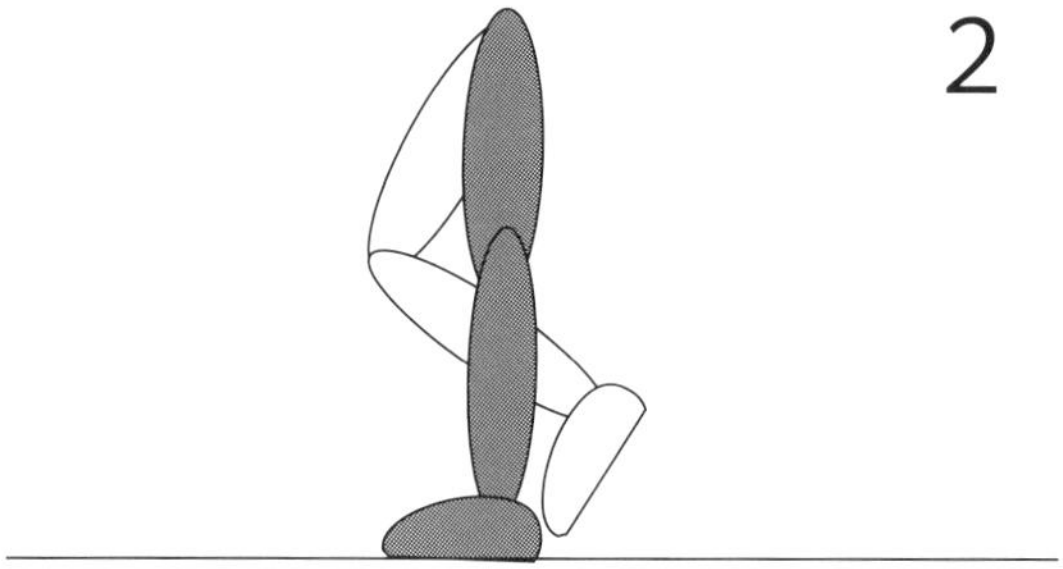

3

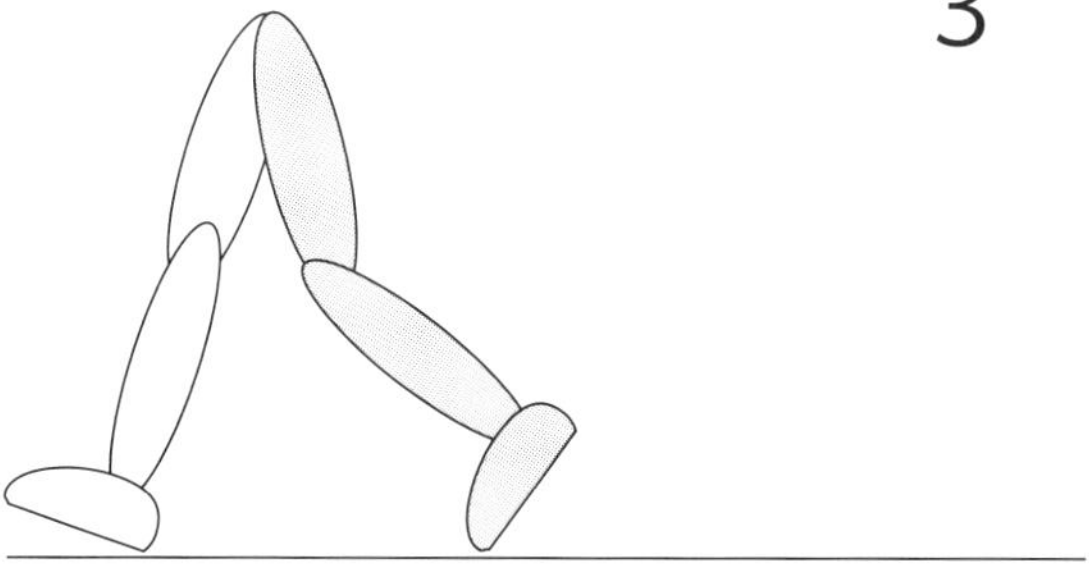

ヒザを曲げてはいけないというルールを作ったのだとしたら、納得できません。むしろ、ヒザを曲げたまま歩いた方が走りになりにくいです。

わたし自身、早く歩くときにはヒザをしっかりと曲げたまま歩きます。ヒザを曲げたままでもジャンプすることはできますが、少し難しいです。通常ジャンプすると、その瞬間にヒザが伸びます。ジャンプを防ぐなら、ヒザを伸ばしたまま歩くより、ヒザを曲げたまま歩く方がいいのです。そしてその方が歩幅が拡がるので早く歩けます。

## 6 競歩の弱点

実際の競歩を見ても、着地から体の真下に来るまでヒザを曲げないで正確に歩いている選手はほとんどいないように見えます。歩くという動作は、ヒザを曲げなければほぼ無理です。もともと長距離を歩く速さを競う単純な競技のはずの「競歩」が、ヒザを曲げないで競うという「ベント・ニー」というルールが作られたため、あいまいな競技になってしまいました。

マラソンという競技には、そういうあいまいな部分がないため、世界中の人が楽しんでいます。しかし、市民競歩が普及するようにならないのは、ヒザを曲げないで競うという「ベント・ニー」

というルールがあるためです。そのルールは、多くの人が納得できるルールだとは思えません。早く歩くというのは、競っても楽しいし、健康法としても素晴らしいことなので、「ベント・ニー」というルールのために普及できないというのは、あまりにももったいないです。

この二つのルール違反で失格となる選手が当然出ます。その判定は、審判員の目視によります。なので、かなり曖昧な判定です。50㎞とか20㎞の長距離を歩く間に、審判員の目が届くのは、ほんのわずかです。必然的にルール違反になるような歩き方が、見逃されるということになります。

競歩は、ビデオや動画判定をせず、審判員の目視だけで失格を決めるというルールです。なので、選手やその関係者の持ち込んだビデオを、審判員は絶対に見てはいけないということです。世のスポーツの大半が、ビデオ判定を採用している現在、時流に逆らうようなこのルールは、どうかと思います。おそらく、競歩選手の中にも、このルールに納得できない人もいることでしょう。

他の陸上競技と比べると、その点で公平性を欠く結果となります。それが競歩という競技の大きな弱点です。せっかくオリンピック種目としてあるスポーツなのに、他のスポーツのように、ビデオ判定が必要なら採用すべきだと思います。競歩選手が、余計な心配をせず、競技に打ち込めるようなルールや環境を整えてほしいと思います。

## 7 わたしの早歩きは「速歩」

「競歩」が早く歩くスピードを競う競技だとしたら、「ベント・ニー」というルールは止めるべきだと思います。いつ誰の発案で採用になったのか不思議ですが、競歩から「ベント・ニー」というルールをなくして、「走らない」という単純なルールのみで競う方がいいと考えています。しかしオリンピック競技になっている「競歩」のルールを変更するのは、簡単ではないでしょう。

そこで、わたしが通常早く歩いているのは「速歩」と名付けて、競歩と区別しました。

そして、わたしの歩き方が早いといっても、これまで計ったことがないので、試しに100mだけ計測してみようと思いました。目黒川沿いの歩道で、まずメジャーを持って100mを測りました。そのときはわたし一人で計測したので、歩道の縁石に沿ってカニ歩きをしながら、5メートルを20回移動して計測したら、股関節が痛くなってしまいました。それでも、とりあえず100mコースができたので、試しにストップウオッチを手に持って、わたし流の速歩を計測しました。

結果は23秒でした。それは競歩の世界記録ぐらいのスピードだったのです。ただし、わたしが歩いたのは100mだけです。とても競歩の人のようなスタミナはありません。競歩の世界記録がすごいのは当然です。50㎞という長距離を、わたしが100m歩いた速度とほぼ同じで歩き通すというのは、驚き以外の何物でもありません。そこまでのスタミナを得るための練習は、想像もつきません。

もともとわたしは、運動が苦手でした。球技は何一つできないし、腕力も握力もないし、体育の授業が嫌いでした。そのわたしが、速歩で23秒という記録が出たのにはわたし自身が驚きました。

その計測した目黒川のコースはスタート地点が、少し傾斜していました。最初の10mぐらいが緩やかな傾斜だったので、多少記録に影響があると考えました。そこで、その先の平らになったところから100mを測ってコースにしたほうが、正確な記録になると思い、今度は数人の人に手伝ってもらいました。カニ歩きで股関節を痛めるのは避けました。5mのメジャーではなく、20メートルの巻き尺で100mを計測しました。その日から何度かそのコースで速歩をしました。ほぼ23秒前後の記録だけれど、わたしの感覚ではまだ余裕がありました。

わたしの提唱する「速歩」は、月刊「秘伝」2014年11月号の特集「ヒマラヤと雑踏の歩き方」で初めて記事となって、おおやけの目に触れました。そして2023年3月号「効率よく速く歩く」で、初めてわたしの提唱する「速歩」という言葉が世に出ました。(163ページ付録「効率よく速く歩く」参照)。

それをきっかけに「日本速歩協会」を立ち上げ、2023年10月14日〜15日に「第一回全国速歩競技大会」を開催します。将来的には、「速歩」がオリンピック競技に採用されればいいなと思っています。しかし、オリンピック競技になるとしても、だいぶ先のことだろうと思われます。その前に「市民ランナー」と同じように、日本中に「市民速歩ウォーカー」が登場するようになって欲しいです。

# 第4章

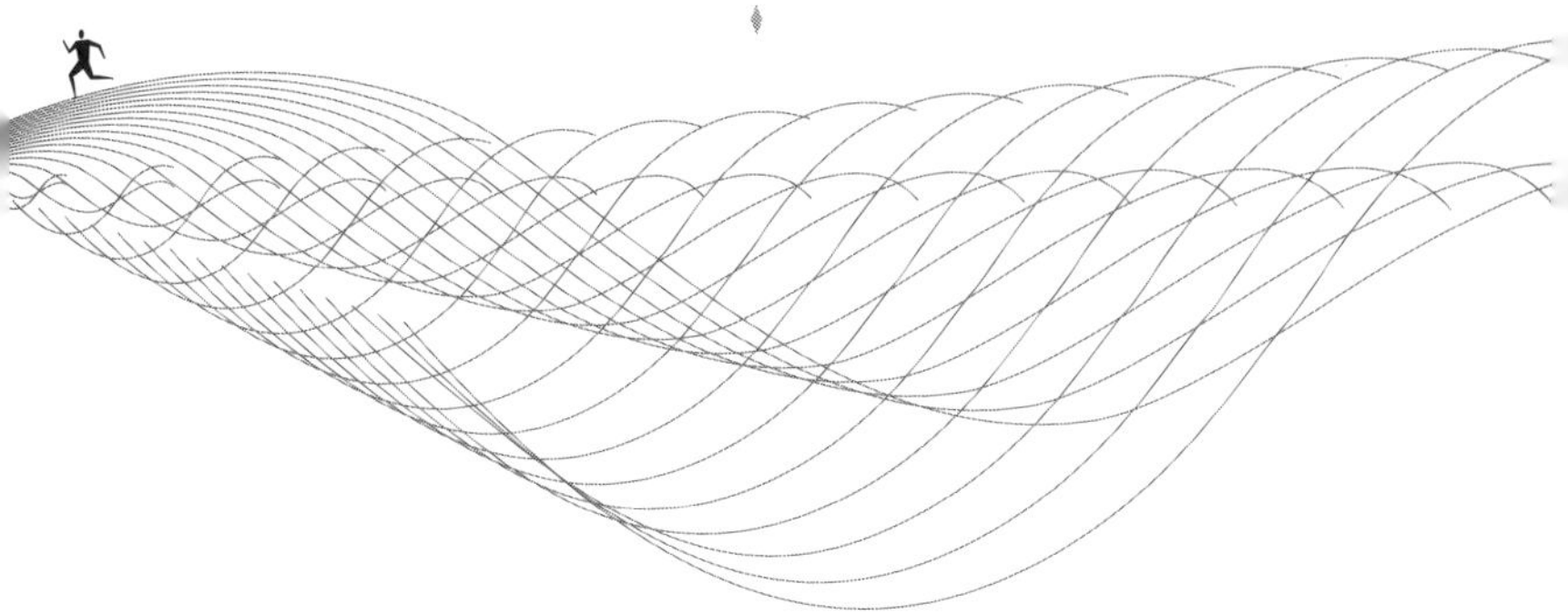

# 速く歩く

## ～ルンゴム・速歩

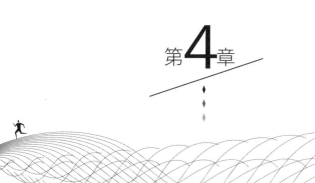

## 1 歩数を意識しながら歩く

普段あまり歩かない人ほど、意識して歩くようになれば、効果がはっきりとします。たとえば「一日一万歩歩こう」という運動がありますが、実際に一万歩歩くのはかなり大変です。いつも8000歩ぐらい歩いている人が、頑張って一万歩歩けば2割増しの効果になります。しかし普段5000歩しか歩いてない人が、1000歩歩けば、2倍になるし、5000歩歩けば10倍になる計算です。

つまり、普段歩いてない人ほど、少し多く歩けば、驚くほどの効果が得られるのです。あまり歩く機会の少ない人が、気をつけて歩くようにすれば、健康面での効果は絶大になるのです。一万歩歩こうとしなくていいのです。今より少し多く歩くだけでいいです。そのときにこれまでより少し早く歩きましょう。それなら、ハードルも低いし、ちょっとした心がけでできます。

そして、歩くときに何も考えずに歩くのではなく、何かを意識しながら歩くようにしましょう。ただし、スマホの画面に意識を向けながら歩くのはダメです。目はしっかり前方を見据えながら歩くようにします。

まずは、歩数を意識しながら歩いてみるといいです。

右左で1と数えて100まで数えると200歩になります。近所のコンビニまでの歩数を知り、駅までの歩数を知り、ポストまでの歩数を確認しておきます。そうすると、その歩数で体調の良し悪しが判ります。体調が良ければ、歩数は少なくなり、悪ければ歩数が増えます。

それとは別に、最初に計測した歩数を覚えておくと、徐々に歩数が少なくなります。コンビニまで行くのに350歩だったのが、いつの間にか330歩になっていたということが起きます。歩き方は同じなのに歩数が減るというのは、歩き方が上手になるからです。同じ距離を歩いても歩数が少なくなるのは、軸が安定してきて、ストライド（歩幅）が拡がるからです。

## 2 数え方や歩き方のバリエーション

歩数を数える基本が理解できたら、いろいろなバリエーションもトライしてください。簡単にいうと、3拍子、5拍子、6拍子、7拍子などの変拍子で歩数を数えるのです。奇数拍子で歩くことで、体癖の修正に役立つことと、効率のいい歩き方を身につける役に立ちます。

まず3拍子で歩いてみてください。123123と数えるのではなく、1××2××3××

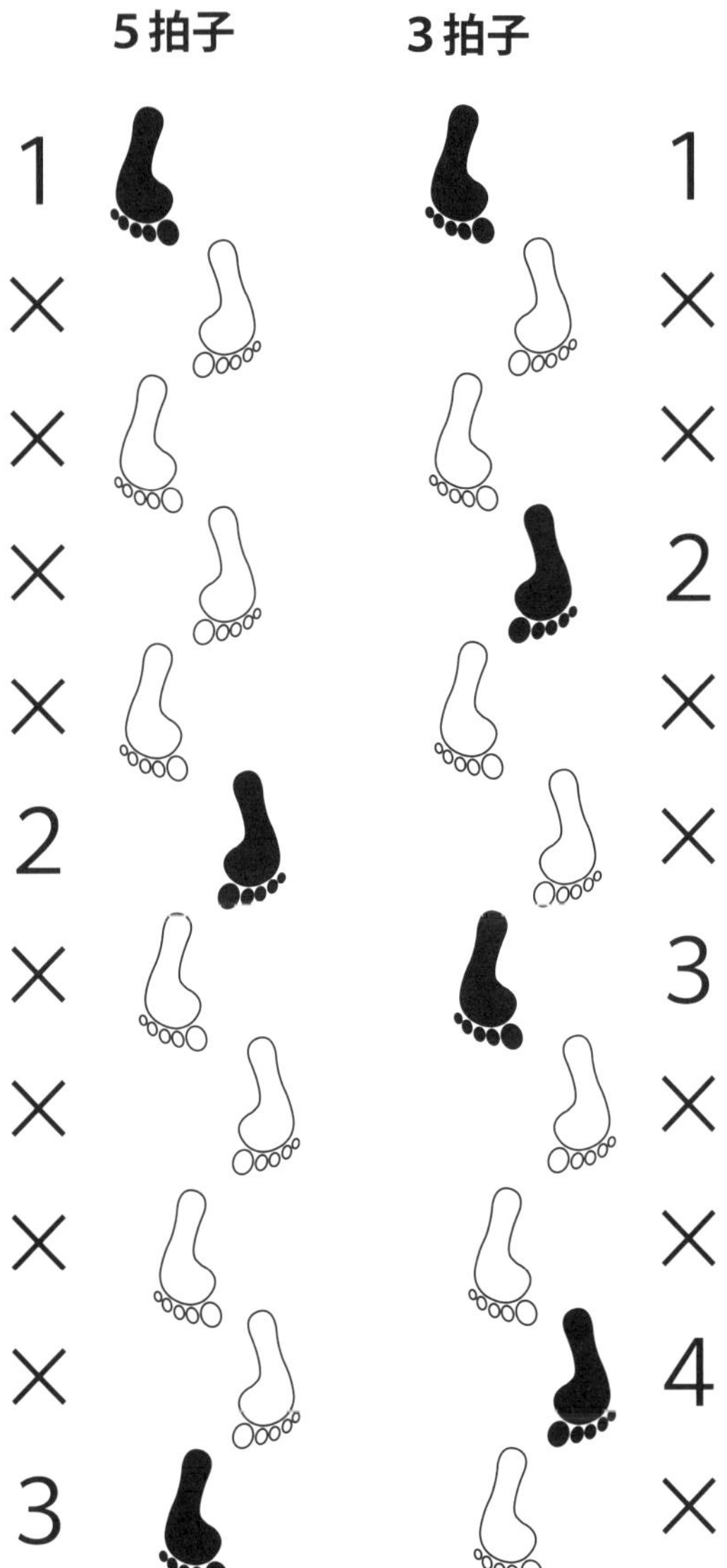
5拍子
3拍子
1
×
×
×
×
2
×
×
×
×
3
1
×
×
2
×
×
3
×
×
4
×

という具合に、2拍目と3拍目は数えません。3歩を一つの単位として数えると、10で30歩歩いたことになります。この数え方は、5拍子、6拍子、7拍子にも応用できます。1×××2××××3××××という具合です。その日の気分で3拍子で歩いたり、5拍子で歩いたりするのもいいです。

この変拍子で歩くというのは、自分でいろいろ工夫してみてください。参考までにどういう工夫をするのかというと、たとえば、123、1234、12345、123456、1234567を繰り返すとか、その組み合わせをバラバラにするなどです。その組み合わせ方は無数に考えられるので、相当楽しめます。

また、歩き方にもバリエーションを加えてみましょう。それには、石畳やモザイクタイル張りの歩道では、その一本のラインに沿って歩いてみましょう。そうすると、少しモデル歩きのようになります。たとえば歩数を10（20歩）数えたら、ラインを右にずらして、次の10で左にずらすという具合にします。平均台の上を歩くようなイメージで歩いてみたり、歩道の模様によっては、つり橋を歩くイメージで歩いたりしてみましょう。

子供の遊びに、ケンケンパというのがあります。だれしも経験があると思いますが、円の中をケンケン（片足）パ（両足）という具合に進む遊びです。速歩ではケンケンはしませんが、踏み込む模様を決めれば、ちょっと不規則な歩き方ができます。

ちょうど歩幅ぐらいの位置に特徴的な模様が連続している場合は、その模様を踏みながら歩きます。注意して歩いていると、そういう歩き方ができる道は結構あります。ここに書き出したのは一例なので、自分でいろいろなパターンを見つけて歩くと、かなり楽しめます。

## 3 チベットの空中歩行「ルンゴム」

歩くときに意識することとしては、力の抜き方があります。なぜ力を抜く必要があるのかというと、その抜いた力は、歩くための推進力に使えるからです。特に上半身の力を抜く必要があります。主に肩から指先までの腕の力を抜くのです。そうするとどうなるかというと、腕の振りが小さくなり、さらに腕を振らないで歩くようになります。

元気に歩いたり、走ったりするときに、しっかりと腕を振るようにしますが、実はその腕の振りは、上手に歩くためには、必要のないものです。私の提唱する「速歩」では、腕は振りません。上半身の力は極力抜くのです。その分のエネルギーを歩くことに使うことで、効率よく早く歩くことが出来るのです。

それと、腕を振ると一歩ごとに身体がひねられるので、細かなブレが生じます。そのブレがスピードを鈍らせるのです。

チベットの修行者は、一日に160km以上も移動する「ルンゴム」というテクニックを使います。まるで空中を走るように移動するので、空中歩行とか速行術などと呼ばれています。交通網の発達した現代と違い、160kmの移動は一日でできる距離ではないです。

チベットの修行者は、人の目に触れない山奥で、空中浮揚や、空中歩行の練習をします。その歩き方は、一歩の歩幅が5メートルぐらいあるということです。まるで三段跳びを連続するようなイメージです。身体が空中を移動しているように見えるのです。移動手段の乏しかった昔のチベットでは、そういうテクニックが必要だったのです。

技術的には遠くの一点を見据えて、そこに向かって吸い込まれるように移動します。その地点に着いたら、また遠くの一点を見据えて移動するという繰り返しをするのです。その間、無駄な力を使わないので、上半身は脱力した状態のまま移動するのです。

## 4 ルンゴム（空中歩行）研修

１９８６年に富士山麓の西湖畔で合宿をしました。その中でルンゴム（空中歩行）の指導をしました。チベット高原と同じような環境だったので、参加者に体験してもらったのです。わたし自身は、チベットでルンゴムを習ったのではないです。前述のルンゴム情報を頼りに、そのテクニックを再現したのです。

まず、遠くの一点を見据えることが第一条件です。遠くの一点を見据えることのできない都会では、無理な修行です。見晴らしの良い西湖畔なので、十分に遠くの一点を見据えられます。その遠くの一点を見据えたら、そこに自分の意識を移行させるのです。つまり、これから自分が行く地点に、意識を先行させるのです。その遠くの一点に意識を向けて、自分に内在する意識を送り込むというアプローチをしてみてください。

それによって、自分自身の肉体感覚が希薄になったと思えたら、その分遠くの一点に意識が移行できていると考えていいです。チベットのルンゴム・パ（空中歩行行者）は意識せずにそのアプローチをしているのだと思います。

ヨーガ研修で修行者にルンゴム（空中歩行）を指導したときの写真。

上半身の力は極力抜き、トランポリンではねるような歩行。

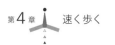

チベットでは、空中浮揚の修行をする行者もいます。その行者たちは、人里離れた秘密の場所で修行をします。絶対に一般人の目に触れない場所で、修行を続けているので、そのテクニックは師から弟子へと一子相伝で伝えられていきます。

なので、チベットの空中浮揚テクニックがどういうものなのかは、わたしには判りません。わたしが体得した空中浮揚は、チベットのテクニックではなく、ヨーガ経典の記述からヒントを得たものです。長年ヨーガを実践してくると、ヨーガ秘法とされるテクニックをいろいろ身につけられます。その中で、空中浮揚のテクニックも体得したのです。

ルンゴムの場合は、チベットの空中浮揚のように、人の目に触れないという訳にはいきません。なぜなら長距離を移動するから、当然人の目に触れる場所も通ることになります。その目撃した人が、「一歩の歩幅が5メートルぐらいで、三段跳びのように、身体が空中を移動しているように見えた」という情報をもたらしたのです。

その情報をもとに、わたしなりのヨーガ技法を駆使して、ルンゴムのテクニックを身につけました。そのわたしのテクニックは、チベットの行者のように、目撃されたと思われることがありました。雪が降っているときに、飲食店を出て歩く私の姿を後ろから目撃した人が「成瀬さんが歩いた雪の上に足跡がついてなかった」というのです。その目撃者は、警察小説シリーズがヒットして、テレビドラマ化もしている大御所作家です。推理作家協会会長を務めていたこともあり、自身の空手道場も主宰しています。わたしの不思議なヨーガテクニックは、ヒマラヤでも日本でも、多くの人たちの目撃談があります。

わたしが体得したルンゴムのテクニックの一部を、西湖畔で合宿参加者に体験してもらいました。

まず、ゆっくりとした歩き出しから徐々にスピードを上げていきます。そのときに役立つイメージを説明します。直径2メートルぐらいの樽を思い浮かべて、その中でゆっくりと歩きだします。そうすると、足が着くポイントは地面から10センチぐらい上になります。つまり、少し宙に浮いた位置が着地点ということになるのです。その意識の連続で樽を転がしていきます。そうすると、地面から少し上の空中を歩いている意識がしっかりと生じます。さらに樽を転がしているので、自然にスピードが上がります。

もう一つ、空中をすべるように歩く体感を得るための方法です。「逆スキップ」とわたしが名付けたのですが、スキップは、前に出た足でもう一度地面を踏みます。そうすると前進しているので、二度目の踏み込みが、少しだけ前になります。

同じ要領で、二度目の踏み込みを少し後ろに引くようにすると、地面から3センチぐらい上の

## 〝空中をすべるように歩く〟トレーニング1

# 樽転がし

直径2メートルぐらいの樽の中を転がしながら歩いていくとイメージ。前に足を着くポイントはせり上がっているため地面から10センチくらい上すなわち空中となる。その意識の連続で歩いていくと、地面から少し上の空中を歩いている意識が生じる。

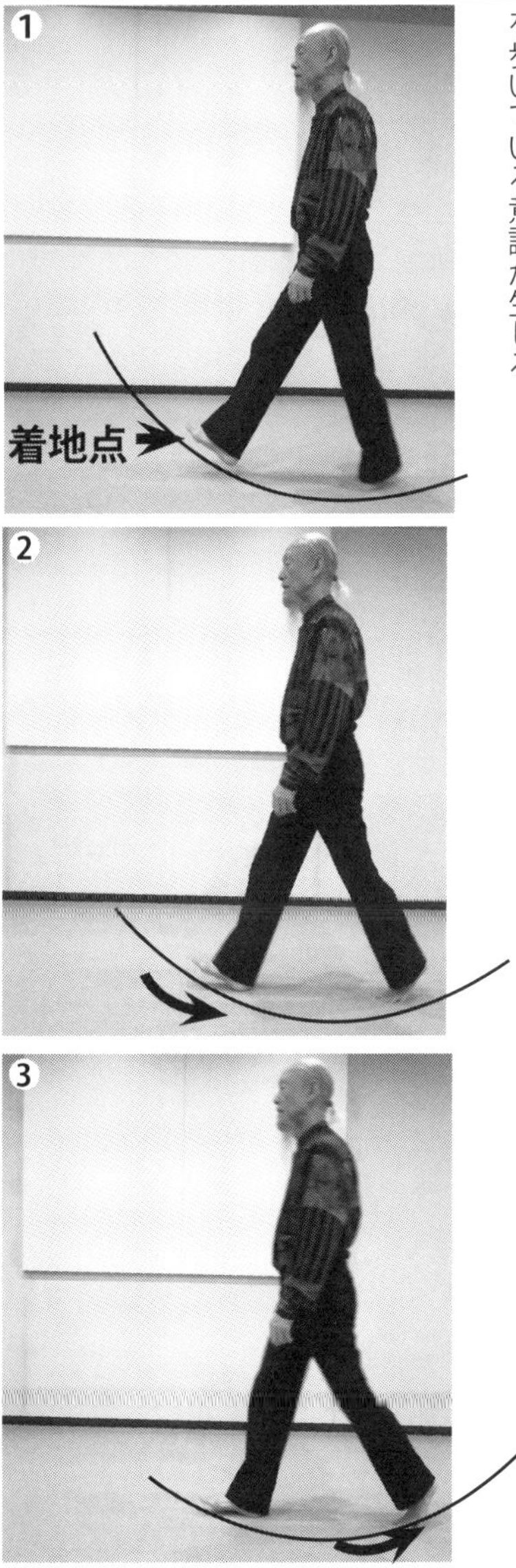

## 逆スキップ

### 〝空中をすべるように歩く〟トレーニング2

前に出した足が接地したら（写真2）、次の瞬間、後ろの足を上げると同時に、地面から3センチ浮かすような感覚で少し後ろに引くようにする（写真3）。

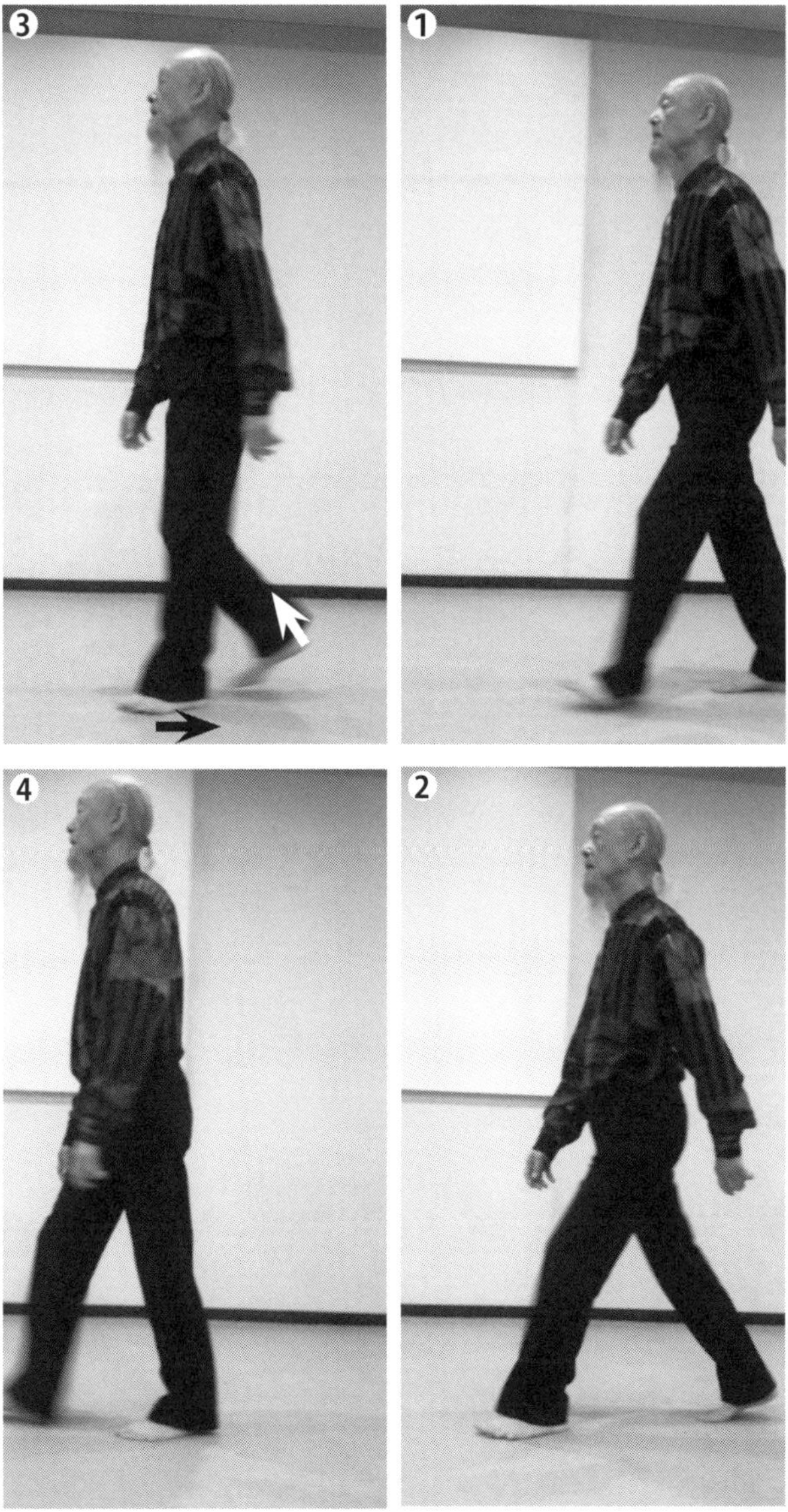

空間をすべるような感覚が得られます。スキップと同じリズムで前進するのですが、スキップより前進速度は遅くなります。その後ろに下がるときに「地面から3センチ」の感覚があるのです。足裏と地面の間にスポンジのようなクッションが感じられれば、その練習はクリアです。

この「樽転がし」と「逆スキップ」は合宿では、体育館で練習しました。平らな床で練習すると、かなりはっきりと、空中を滑る感覚が味わえるからです。その感覚があると、実際のルンゴムの役に立つのです。

さて、西湖畔のルンゴム研修の続きです。歩きのスピードが上がったら、そこから走ることになります。もちろん、その間も遠くの一点を見据えたままです。走りになったときに、ジャンプするような方向性で、足を前に出します。そうすると、トランポリンで跳ねるような状態になります。その間、上半身の力は極力抜いて腕にも力を入れず、だらんとした状態のまま前進します。

(次ページ写真参照)

遠くの一点にしっかりと集中できていると、足元の様子もつかめます。トランポリンで跳ねるように進んでから、最後は走り幅跳びや三段跳びのように、両足着地します。身体を丸めてしゃがみ込みます。目を閉じてそのしゃがんだ上を、ルンゴムで通過する自分を意識します。さっきまで見据えていた、遠くの一点に届くまで、ルンゴムで前進する自分をしっかりと意識し続けま

## ルンゴム（空中歩行）

歩きのスピードが上がったら、ジャンプするような方向性で足を出し、両足同時に地面から浮く状態を作る（写真3、写真6）。この時、上半身の力は極力抜いて、腕はだらんとした状態で。目は遠くの一点を見据えつづける。

す。

自分自身が空中歩行をする様子を鮮明に描き出すようにします。この部分は、瞑想能力がフルに活用されます。瞑想にはいくつものテクニックがありますが、観想法と呼ばれる方法です。

チベット密教では、仏画を前にして、全体ではなく小さな一部分だけを見つめ続けて、その部分を目を閉じている眼前にありありと描き出すようにします。毎日ひたすら、それを続けて描き出せたら、その横の小さな部分を見つめ続けるようにします。その連続を三年間続けて、一枚の仏画全体を、目を閉じた眼前に描き出すのです。

西湖畔の合宿では、最後のしゃがみ込んだ後、意識で遠くの一点に届かせる地点を、西湖の対岸にしました。そうすると、西湖の上を水上歩行することになります。この様子をチベット密教の観想法と同じように、目を閉じた眼前に想い描くようにします。映像として描き出すのは、チベット密教でも三年間を要するので、いきなりは難しいです。目を閉じたときに、西湖の上を歩いているような「感触」があれば成功です。

西湖の対岸に意識を持っていくテクニックは、そのバリエーションも実践しました。

西湖畔は、山の頂上まで森が拡がっていて、その山頂に向かってルンゴムをします。普通に考えると、森の中を頂上まで登ることになります。しかし、歩き出してからしゃがみ込むまでの間に、山頂までの森を見て、木々の上を歩く様子を意識します。森の木々の上を軽々と歩いて山頂まで行くのです。

森を見たときに、視界には木々の上しか見えません。森の中の山道は見えないのです。その見えていない山道を歩くのは、イメージしにくいです。逆に木々の上は見えているので、歩いて山頂まで行くという意識を持ちやすいです。もちろん、木々の上は歩けないという常識は無視してください。常識にとらわれていたら、湖の上も木々の上も歩くことはできません。

実際に試してみると、木々の上をトランポリンのようにポンポンと軽やかに頂上まで行くイメージが持てます。暗い山道の中を歩いて山頂まで行くより、はるかに鮮明に想い描けます。木々の上を歩いて山頂まで行くのは、湖の上を歩くよりリアルに感じ取れるかも知れません。

その強いイメージを持って、トランポリンで跳ねるように進んでから、最後は走り幅跳びや三段跳びのように、両足着地します。そして身体を丸めてしゃがみ込みます。目を閉じてそのしゃがんだ上を、ルンゴムで通過する自分を意識します。木々の上を山頂まで、ルンゴムで前進する自分をしっかりと意識し続けます。木々の上をポンポンと軽やかに頂上まで行くイメージが持てれば成功です。

ルンゴムの行者は、チベットの大河を水上歩行で渡るという話が残っています。西湖畔はまさにその練習場として最適でした。

## 5 パンゴン湖でルンゴム

インド北部のラダックという地方にパンゴン湖という湖があります。そこを訪れる『神秘のパンゴン湖と深淵なチベット世界を訪ねて』というツアーを２０１９年9月に開催しました。そこの湖畔でルンゴム研修をしようという試みです。パンゴン湖は日本人の観光客がほとんど来たことのない場所です。ラダックはチベット密教圏なので、倍音声明というチベット密教の瞑想法を実践しに数回訪れています。

ラダックには何度も行っていたのに、パンゴン湖はメインの観光ルートではないので、その存在は知らなかったのです。30年以上ツアーでお世話になっている旅行社の大塚さんから「パンゴン湖に行くツアーはどうですか」とのお誘いがありました。わたしの組むツアーは、一般的な観光ルートではないところが多いです。それなので、大塚さんはそういう通常観光ツアーを組むことのないルートを提案してくるのです。

パンゴン湖（標高４２５０ｍ）は世界で最も高いところにある塩湖です。入域許可証が必要な

パンゴン湖畔でルンゴム研修。

地域です。その理由は対岸がチベット（中国）だからです。パンゴン湖周辺はインド軍と中国軍が紛争中の国境地帯なのです。わたしがツアーで訪れた翌年（２０２０年）から両国間で何度か戦闘状態が続きました。２０２１年２月に両国が合意して、軍事的対峙が回避されていますが、現在でも紛争地帯であることは変わらないです。

そのパンゴン湖でルンゴム研修をすることは、本場チベットの環境下での修行ということになります。西湖畔で実践した１９８６年から33年のときを経て、さらに環境のそろった標高４２５０ｍのパンゴン湖畔でのルンゴムです。

ツアー参加者がパンゴン湖の上を空中歩行して対岸まで意識を持っていく練習をしました。チベットは現在中国の一部です。実際に対岸に行けば密入国になってしまいます。しかし、意識だけが対岸に行くので、罪には問われません。

わたしたちが、そのルンゴムを実践した半年後には、中印紛争により観光客の入域が禁止されたのです。その寸前に本場でルンゴム体験ができたことはラッキーでした。

## 6 力を抜いて歩く

そのルンゴムと同様、歩くときにも無駄な力が入ってない方がいいです。なので、上半身の力を抜いて歩くと、必然的に腕を振らない歩き方になります。早く歩くときも、ルンゴムと同じように上半身の力を抜いて腕を振らずに歩きます。

力を抜くといっても、歩くときに全身の力を抜いてしまったら、まともに歩けません。歩くための必要最小限の力を使って、それ以外の力を抜くのです。そのためには、観察力を養う必要があります。つまり、どこに力が入っているかの観察をする力です。歩いているときに、その観察をしてください。

力が入っていることに気づかなければ、力を抜くことができません。気づいた瞬間から必要のない力は抜けてしまいます。だから、力を抜こうとするより、力が入っていることに気づくこと

# 腕の力を抜いて歩く

## 〝超省エネ歩行〟

歩く時に両手を振るのが当たり前になっている人は多いが、実はエネルギーロス。完全に無駄な力が抜けると、両腕がだらりと下がったまま歩く事になり、それが最高の省エネ歩行。上半身の力が抜けると、エネルギーを下半身に向けることができる。

が大切なのです。

最初に注目してもらいたいのは、腕です。普通に歩くと腕が前後に振られます。この腕を振る力を抜くと、腕が垂れ下がった状態で歩けます。それができるのは「意識する力」です。無駄な力を抜くのは、最初にその部分を見つける観察力。そして、その部分の力を抜こうと「意識する」ことです。

歩きながら腕の力を抜くことができるようになると、下半身の無駄な力も抜けてきます。速歩の大きな特徴が、この「腕を振らない」歩き方です。これを身につけることだけで、普段より楽に早く歩くことができるようになります。

腕を振らないと、上半身の緊張が解けるので、エネルギーロスを防げるのです。緊張状態になっているということは、すでにエネルギーが使われています。リラックスすると、その分のエネルギーをロスしないのです。つまり、上半身をリラックスした状態で歩くと、無駄に使われていたエネルギーが下半身の歩く方に向けられるのです。その分効率よく速く歩けるということです。

## 7 呼吸を整える

歩くときに注意することの一つに呼吸があります。呼吸は人間だけでなくあらゆる動物にとって重要な要素です。アニマルという言葉の語源がアニマで、これは呼吸のことです。呼吸をする生き物＝動物ということです。

呼吸は生まれたときから死ぬまで、し続けています。その間、呼吸のことはほとんど気にしません。呼吸の必要を感じるのは、生命の危機が迫ったときです。海で溺れそうになったときや、火事で煙に巻き込まれたときなどです。また、事故で倒れている人には、まず息をしているかどうかを確かめます。生命維持には、呼吸をすることが一番大切なのです。

早く歩こうとすると、呼吸が乱れます。呼吸の乱れは歩く速度を鈍らせます。少しでも早く歩くには、なるべく呼吸を乱さないことが必要です。

呼吸の基本は、鼻ですることです。口呼吸は可能ならなるべく避けたいです。ほこりや雑菌を直接体内に取り込まないような機能が鼻にはあります。口にはそれがないので、口呼吸を習慣的にしていると、健康を損なう可能性が高くなります。

人工呼吸は口から息を吹き込みますが、それは緊急事態ということです。口から呼吸をするというのは、基本的に緊急事態が起きていると理解してください。たとえばいきなり１００ｍダッシュをすれば、だれでも口からの荒い呼吸をすることになります。なので、可能な限り鼻からの呼吸を心掛けてください。

そこで、普通に歩くときは、鼻呼吸で問題ないと思います。少し早く歩くと、呼吸が乱れがちになります。そのときもなるべくゆっくりと吐く吸うを繰り返せば、鼻呼吸で対応できます。それでも苦しくなったら、自然に口が開いてしまうでしょう。

そのときは、口呼吸と鼻呼吸を併用してください。その併用する中で「鼻からゆっくり吐く」ことを挟み込むといいです。呼吸を整えるのは、実際に歩きながら見つけていくのが最善の方法です。

## 8 遠くの一点を見据えて歩く

そしてもう一つ意識するのは、前方です。

遠くの一点を見据えて、そこに向かって歩きます。ルンゴムと同様その地点に着いたら、また遠くの一点を見据えて歩きます。それに慣れると、周囲の状態が鮮明に認識できるようになります。一点を見据えているのに、周囲の状態を認識できるというのは、集中力が発揮されたときの特徴です。

遠くの一点を見据えて歩くことにより、集中状態が持続され、その〝一点〟のみならず周囲の状況もむしろ把握できるようになる。

座って一点を見据えているのと違い、歩いているので、周囲の変化に対して、それを認識しようとするのです。漠然と歩いていると前方も周囲の状態もはっきりと認識できないので、何かにぶつかったり、転倒したりします。前方の一点に意識を向けていると、集中状態が持続するので、周辺の状況も把握できるのです。

集中状態というのは、一点を見据えつつも、その周辺の状態もしっかりと認識できている状態のことです。一点だけしか見えてないのは、集中力が欠如している状態です。たとえば自動車運転の初心者のようなものです。前方だけを見ていて、周辺が見えてないので、危険な運転になります。運転に慣れた人は、前方も見ているし、後方や、左右の路地にも気を配って、安全運転をします。

それが集中力があるということであり、集中状態を保っているということです。

遠くの一点を見据えて歩く間、歩数を数えるのと上半身の力を抜くことも一緒に実践します。

最初からその3つをするのが難しければ、どれか一つを重点的に練習してください。たとえば遠くの一点を見据えることを中心にして、歩数と上半身の力を抜くのは、余裕があればするという程度にします。

歩数を数えるのを中心にしたり、上半身の力を抜くのを中心にしたりして、徐々にその3つを同時に実践できるようにしていきます。少なくともスマホを見ながら歩くのよりははるかにいいです。

## 9 遠くに着地する

ここまでの練習で、すでに少し早く歩くことが出来るようになっているはずです。ここからは、速歩の特徴となるテクニックに入ります。

まず一歩ずつの足の着地点を、意識して1センチ遠くに置いてみましょう。そうすると、10歩で10センチ、100歩で1メートル遠くまで進めるのです。その1メートルは、かなり重要です。

歩きのスピードを上げる第一歩は、〝遠くに着地する〟こと。ただし、無理に歩幅を拡げようとしてもそれによってバランスを失ってしまうと、歩行スピードはむしろ遅くなってしまう難しさがある。

同じ速度で一緒に歩いている人にそれをすると、いつの間にか、その人より先を歩いていることになります。

1センチ遠くへ足を置いたときに、上半身は1センチ前に来ます。それと同時にほんの少し重心が下がります。1センチでは、それを確認できないかもしれません。2センチ、3センチと足を遠くへ置く位置を拡げていくと、重心が下がることにどこかで気づきます。ただし、普通に歩幅を拡げると歩くスピードは遅くなります。早く歩こうとして、逆にスピードが落ちては意味がありません。

それをさらに遠くに着地するには、単に歩幅を拡げようとしても無理があります。実は1センチでもバランスを崩す可能性があります。通常歩幅は、そんなに拡げられません。無理に歩幅を拡げようとすると、身体の軸がズレてしまい、安定した歩き方になりません。不安定な歩き方になると、むしろスピードは遅くなってしまいます。

## 10 重心を下げる

最初の一歩の踏み出しで、重心を3センチ下げると、次の2歩目で後ろになっている足を前に持ってくるときに、重心が上がってしまいます。重心を下げたまま足を前に出すのが難しいのです。そうすると、一歩ごとに身体が上下運動を繰り返すことになります。そうなるのが一般的です。しかしその上下運動が体力を消耗し、スピードを鈍らせます。逆に重心を一定に保ったまま歩けると、体力が温存されて、スピードは上がります。

普通に早く歩くのと、速歩の大きな違いは「重心」です。

速歩では腰の高さを少し下げたまま歩きます。低くなった重心のまま、前進するのです。最初のうちはほんの少し重心を下げて練習します。それでも身体が上下動をするでしょう。練習を重ねるうちに、重心を下げたまま歩けるようになります。それに慣れてきたらさらに重心を下げるようにして、徐々に低い重心のまま歩けるようにします。

足の着地点を1センチ遠くに出さなくても、1センチ重心を下げれば、着地点は1センチ遠くになります。ただし、重心を下げたまま保つのは簡単ではありません。２センチ重心を下げると、その段階でヒザと股関節に負担が来ます。

少しずつ重心を下げられるようにしていって、10センチ腰の高さを下げられれば、ストライド（歩幅）は10センチ拡がります。一歩で10センチということは、10歩で1メートル、１００歩歩く間に10メートルは遠くへ行けます。

10センチ腰の高さを下げて歩ければ、ほぼわたしが実践している「速歩」と同じになります。わたしの速歩のスピードは１００ｍを76歩で歩くと23秒です。

そのときに難しいのは、下げた高さを維持し続けることです。10センチ腰の高さを下げて歩こうとすれば、確実に一歩ごとに上半身が上下動を繰り返してしまいます。これは、腰の高さが一定になってないからです。

下げた高さのまま、足を前に出すには、足首とヒザのコントロールが必要です。どうすればいいのかというと、「下げた高さを保ったまま歩くのです。そのときに足首とヒザが自然に機能して、その高さが保たれればいいのです」

# 重心を下げたまま上下させず歩く

重心を下げると歩幅が広がるが、足を送るたびに重心が上がってしまうと、上下動が伴ってしまい、ロスとなる。重心を低く一定させたまま、頭の位置も上がったり下がったりさせず、あたかも滑るかのように歩くのが速歩の決め手。足首とヒザの働きが重要。

しかし、これは天才の迷言のようなものです。「球が来たら思いっきり振ればホームランになる」と言われているようなものです。足首とヒザのコントロールは説明が難しいので、重心を下げすぎないで、よく観察しながら練習してください。

まずは、身体が上下動しているのを確認することです。その確認ができないと、修正もできません。少し重心を下げて、その状態で10（20歩）歩いて、その間にどのぐらい上下動しているかを見つけ出しましょう。

それが見つかるたびに、上下動を減らせるようになります。身体をコントロールするには、コントロール出来てない部分を見つけることです。これは、テクニックを身につける必要のあるもの、すべてに共通しています。

できてないのに、出来ていると思って続けていたら、いつまでたっても上達しません。出来てない部分、ダメな部分を見つけられれば、その瞬間からそれを修正しようというようになります。いつまでたっても上達しない人というのは、ダメな部分を見つけられない上に、それでいいと思っている人です。長年続けているのに一つも上達しない人は、自分のダメな部分を探すようにするといいです。どの世界でも、一流の人ほど、自分の実力に満足しないです。「まだダメだ」「もっとレベルを上げられる」「今のは良くなかった」という具合の判断ができる人が、一流になる人です。

その意味で、ほんの少し重心を下げて歩いたときに、身体が上下動したり、軸がブレたりするのを見つけてください。それを見つけることが、上達への最短距離です。

## 11 肛門を引き締める

速歩の極意をピックアップすると、「上半身の力を抜く」「重心を下げる」「前方を見据える」などです。これらを体得するには、クンダリニー力を利用するといいです。ヨーガの7大流派の中に「クンダリニー・ヨーガ」があります。人間に内在する大きな力をヨーガではシャクティといい、ヨーガの達人はその大きな力を活用します。クンダリニー覚醒のメカニズムと細かなテクニックについては、拙著「クンダリニー覚醒」（BABジャパン刊）を参照してください。

大きな力を発揮する直接的なテクニックは、ムーラバンダ（肛門の引き締め）です。肛門を引き締める動作は、トイレに入ればだれでも実践しています。その意味では、ムーラバンダは、ヨーガ行者だけが有している秘法ということではないです。ただし、その引き締め具合の強さと繊細さは、ヨーガ行者が長年研鑽を積んで得るものです。

そこまでのレベルはともかくとして、肛門を引き締める「ムーラバンダ」は、誰が実践しても効果的です。どう効果的なのかというと、速歩で「上半身の力を抜く」ときに必要な、繊細な観察力と、実際に力を抜くための肉体のコントロール能力が得られるのです。

そして「重心を下げる」ための集中力と、重心を下げた状態を維持し続けるための、精神力と胆力が身につきます。また「前方を見据える」ことをしながら歩き続けるための、意識力と、その前方の状態を認識する洞察力などが得られるのです。

それらを体得できるのが、単に肛門を引き締めるという動作を習慣的にすることなのです。今、試しに肛門を引き締めてみてください。床や椅子に座った姿勢のままでいいです。そうすると、キュッと締まってじわっと緩むと思います。その方法で10回連続してください。

速歩の上達には「観察力」が必要です。肛門を引き締めたときと、緩めたときの肛門周辺の状態を観察します。まず気づいてほしいのは、引き締めたときと、緩めたときでの体内感覚の違いです。強さも早さも違います。それも10回やってみると、1回ごとにも違います。その違いをしっかりと認識する「観察力」を養うのです。

10回を1セットとして、休みをはさんで3セットやってください。もちろん、1セットごとの

〝肛門を締め続けるテクニック〟

## ムーラバンダ

肛門を締め続けるのは、簡単なようで意外に難しい。それは意識力の欠如ゆえ。「ムーラバンダ」は肛門を締めた時、緩めた時の自己の状態を「観察」する事を要求する。10回行うとその10回とも違う事が認識できてくる。10回1セットを3回行う。

違いも見つけるようにします。

速歩で重心を下げて、歩幅を拡げて歩くには、コントロール能力が要求されます。臀部に両手を当てて、肛門の引き締め10回3セットを試すと、そのときに臀部の動きが両手のひらに伝わります。その臀部の動きを極力少なくして、肛門を引き締めるのです。つまり、肛門周辺だけを機能させて、引き締めるのです。これには、コントロール能力が必要になり、そのコントロールをするには、意識の力が発揮されなければなりません。意識的に肛門周辺だけを使うのです。その意識力が、速歩に活かされるのです。

つぎに肛門を瞬間的にキュッと引き締めて、パッと緩めるようにします。これは、実際にやってみると、瞬間的とはならないで、少し時間がかかってしまうでしょう。最初のうちはそれでいいです。とくに緩めるのが瞬間的にはできないと思います。引き締めるときと緩めるときの出来具合の差を、まずは確認してください。引き締めと緩めをなるべく短時間でできるようにアプローチしましょう。10回3セットするときには、1回ごとの間隔を空けて、その分引き締めと緩めを正確に、なおかつ瞬間的にできるように練習します。

## 12 ヨーガの最高テクニック

そして、クンダリニー・ヨーガの中心的なテクニックも説明しておきます。それは、肛門を締め続けることとです。言葉では簡単に表現できるのですが、実際にアプローチすると非常に難しいです。

普通は「肛門を締め続けてください」と言われると、何分でも何十分でも締め続けられる、と思う人がいます。ところが実際には、締めた瞬間から緩みだすのです。それに気づかずに、ずっと締め続けているようなつもりになっていることが多いです。

繊細な観察力が身につくと、そのことが判るようになるのです。その繊細な観察力が、速歩の「重心を下げて歩く」ときに役立つのです。これまでの人生で、肛門を締め続けることは、する必要がないので、ほとんどの人はしてなかったのです。

やったことがないものは、最初はできないのです。赤ちゃんが生まれたときには、ハイハイもできなければ、もちろん歩くこともできません。つかまり立ちをして、一歩足を出せるようになり、徐々に歩けるようになるのです。技術を必要とすることは、すべて同じです。練習を積み重ねることで、出来るようになるのです。

なので、肛門を締め続けるテクニック「ムーラバンダ」は、最初からできるはずがないのです。練習すればできるようになります。1秒、2秒、3秒と締め続けられるようになり、10秒、20秒、30秒と締め続けられるようになるのです。

最初の気づきから、肛門を締め続けられるようになるのが、数秒から十数秒になるには、ある程度の努力が必要です。まずは、そういうアプローチをすることで、肛門を締め続けるというのが、どういうことか理解できます。実は、その理解だけで生きていくうえで必要な能力がいろいろ身につきます。

肛門を締め続ける「ムーラバンダ」は、ヨーガ行者が身につける最高のテクニックです。その、入り口のテクニックだけでも、速歩を実践するときには役立ちます。速歩でも、その「ムーラバンダ」のテクニックの一部を利用するといいです。

## 13 生命力を高めよう

外を歩くときに、前述した「速歩」のいろいろなテクニックを試してみましょう。そのときに、ムーラバンダの「キュッと引き締めてパッと緩める」のを連動して歩きます。たとえば、4拍子や6拍子だと次のようになります。

1（キュッと締める）・2（パッと緩める）・3・4。1（キュッ）・2（パッ）・3・4。

1歩目（右足）でキュッと締めて、2歩目（左足）でパッと緩めて、3歩目と4歩目はそのまま歩きます。6拍子も同じ要領です。1歩目（右足）でキュッと締めて、2歩目（左足）でパッと緩めて、3歩目、4歩目、5歩目と6歩目はそのまま歩きます。

このやり方は、3拍子、5拍子、7拍子にも使えます。（3拍子などの）拍子数が少ない方が、休みが短いので難しくなります。なので、この方法で一番難しいのは、2拍子です。つまり、休みが入らないで、締める緩めるを繰り返すのです。これはたぶん20〜30歩ぐらいで、肛門を引き締められなくなるでしょう。実際の練習は、休みの多いものから徐々に少なくしていくといいです。

この練習を重ねていくと、さらに難しい方法にも挑戦できるので、紹介しておきます。

1歩目でキュッと締めて、2歩目は締めたまま保って、3歩目でパッと緩めます。これは肛門を引き締めている時間が倍になるので難しいです。緩めた後の休みは多い方が簡単で、少ない方が難しくなります。つまり、8拍子が簡単で、3拍子が難しいということです。

前述したように、肛門を締め続けるのは大変です。1歩で締めていたのが、2歩になると、単純に時間が2倍になるのですが、難しさは2倍以上です。肛門を締め続けるテクニックは、クンダリニー・ヨーガの奥義と言えるほどの技術です。本書は「速歩」の本なので、奥義を窮めるところまでの説明は必要ないと思います。もちろん、そちらに興味のある人は拙著『クンダリニー・ヨーガ』(BABジャパン刊)をご一読ください。

参考までに、もう少し難易度を上げたテクニックを紹介しておきます。1歩目でキュッと締めて、2歩目と3歩目は締めたまま保って、4歩目でパッと緩めます。これで締めたまま保つ時間が増えるので、難しくなります。これも8拍子から練習して、一番難しいのは4拍子です。

肛門を締め続けるテクニックを、速歩の練習として使うのはここまでぐらいで十分です。この練習によって、集中力、精神力、胆力、生命力がアップします。人生を歩んでいく中で、生命力を高めることは、重要な要素です。肛門を閉じることが出来なくなれば、死が待ってます。そのぐらい肛門を引き締めることは大切なのです。

速歩の練習として紹介しましたが、それと関係なくても、ムーラバンダ(肛門の引き締め)は、やっておくといいです。床か椅子に座って肛門を引き締めて緩めるという動作を、10回3セットしてください。それを日々の習慣としてやれれば、間違いなく生命力が高まります。

# 第5章

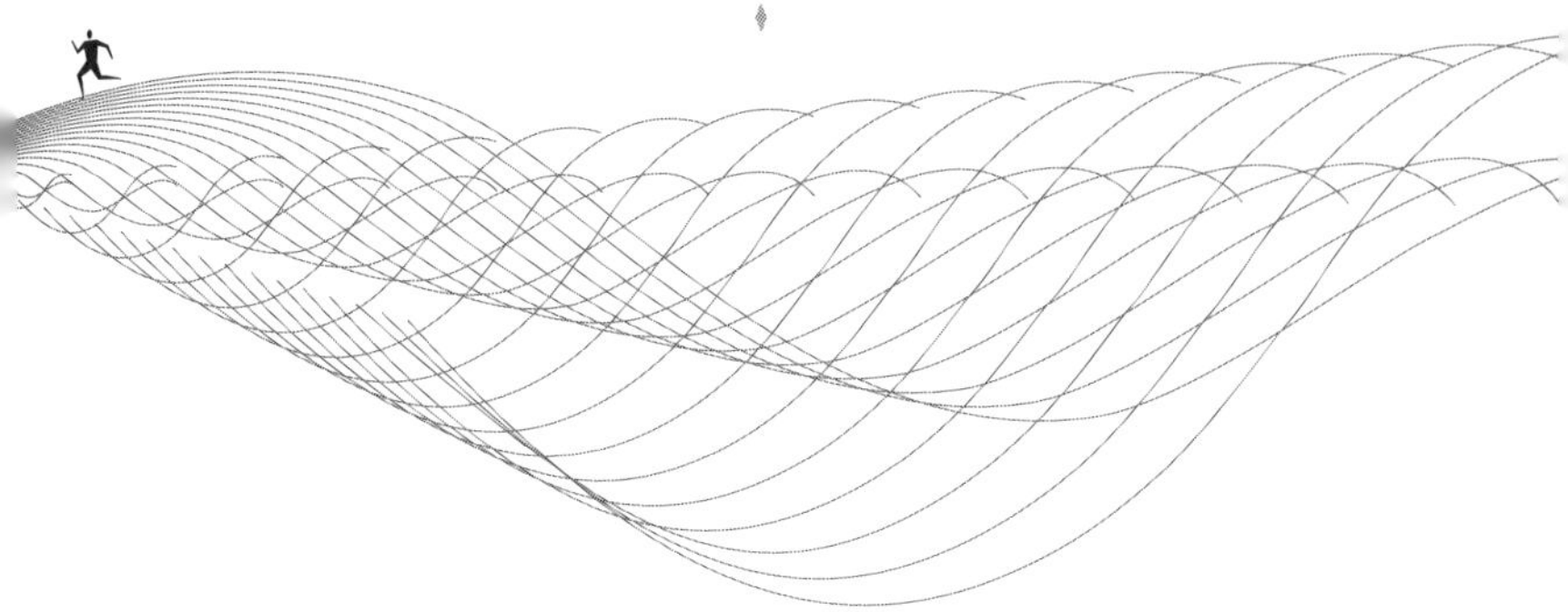

# 人生を愉しもう

## 1　トラブルや不幸を回避する方法

ここからは、今日から今すぐ「速歩」を実践して健康に楽しく人生を送れるという話です。楽しい人生を送りたいという思いは、ほぼすべての人たちに当てはまります。しかし、その思い通りに人生を送れている人となると、限られます。

金持ちになりたいと思っている人の大半は、そうなれずに人生を終えます。有名になりたいと思っている人のほとんどは、名もない一般人です。結婚したいと思っていて、実際には結婚できないまま生涯を終える人も多いです。子供が欲しいと願っているのに子宝に恵まれない夫婦の話も聞きます。

家族間のトラブルも多いです。遺産相続や、金銭トラブルで家族がバラバラになってしまう話もよく聞きます。他人なら距離を置けば済む話も、家族ではそうもいきません。

人生を歩むというのは、そういう種々多彩なトラブルや不幸との付き合いでもあるのです。トラブルや不幸の一切ない人生はほぼないでしょう。そうであれば、トラブルが生じたときや不幸が襲ってきたときに、それを最小限の負担で回避するべきです。

そのために第一にすることは、目を背けたり、逃げたりしないということです。そのトラブルでも不幸でもしっかりと受け止めることからスタートすべきです。逃げると、その後にもっと大きなトラブルや不幸に見舞われることになります。

逃げずにどうするかというと、まずその事態を理解することです。どういうトラブルなのか、どういう不幸が襲い掛かろうとしているのか、しっかりと解明することです。そうすることで、その事態を客観的にとらえられます。

トラブルや不幸の当事者は、得てして客観性を失います。視野が狭くなり、目の前に迫っているイヤなことにしか意識がいきません。そうすると、その事態を回避する方法があるのに、それを見逃してしまうのです。その結果、最も選んではいけない選択をしてしまうのです。そうすると、そのトラブルや不幸を増幅してしまいます。ますます、具合の悪い方に向かってしまうのです。そうならないためには、現状認識をしっかりとするのです。どういうトラブルなのか、どういう不幸なのかをしっかりと認識して、さらにそのことを細かく分析します。その冷静さがあれば、どんなトラブルでも不幸でも、必ず回避できます。

## 2 負のイメージの対処法

誰でも一生のうちに経験するのが、家族を失うということです。両親に先立たれるのもつらいし、伴侶を失うのもとてもつらい出来事です。ましてや、子供に先立たれたら、両親にとっては耐え難い出来事です。

一時的には、家の中でボーっとして、何も手につかなくなるでしょう。でもいつまでもそうしているわけにはいきません。そうした状況から立ち直るには、まず外に出ることです。なるべく以前の生活を取り戻して、前向きに生きていく必要があります。

亡くなった人に対する思いが強ければ強いほど、落ち込む度合いも強いです。しかし、その強い思いのまま生きていくのは、その後の人生のプラスになりません。かといって、忘れることも、捨て去ることもできないとしたら、どうすればいいのでしょうか。

肉親の死以外にも、負のイメージを引きずったまま生きている人は多いと思います。そういう思いを消し去ることは難しいです。一番いい方法は「離れる」ことです。

強い思いは消そうとすればするほど、逆に居座ってしまいます。消そうとするのではなく、距

離を取ろうとしてください。その思いはあるけれど、違うことにアプローチするときには、いったんその思いから離れて、今やるべきことに意識を向けるのです。

その切り替えができるようになると、生きるのが楽になります。気持ちの持っていき方、意識の働かせ方一つで、人生におけるイヤなことをいくらでも回避できるのです。

肉親に対する思いは大切なので、なくす必要はないです。ただ、それを人生の中心に居座らせるのは良くないです。大切な思いは心のどこかに、しまっておきましょう。必要になったときに取り出せばいいのです。そして家に引きこもってないで、外を出歩きましょう。そうすれば、大切な思いは楽にしまっておけます。

## 3 冷静に事態を認識する

「上司に怒られた」のと「上司に叱られた」の違いを理解してください。怒られたというのは、上司が怒っているのです。叱られたは上司が叱っているのです。これで判ると思いますが、叱るのは、怒っているのではないのです。つまり怒りの感情をぶつけているのではなく、間違いを指摘しているのです。

怒るのは、湧きおこった感情をぶつけているのです。なので、怒られる中には理不尽なケースも多いです。よく「ママに怒られた」といいますが、たいていは子供を叱っているのです。その使い分けは、大人でもほとんどしてない人が多いです。

わたしはその使い分けが大切だと思います。

まず「叱られた」ときは、自分の方に非があるので、素直にその問題点を謝ります。もっとも、叱る側の理由が変だったり、勘違いだったりすることもあります。なので、冷静に事態を認識する必要があります。

一方「怒られた」ときに、理不尽なことで怒られたとしたら、通常は口論になったりします。

それか、言い返せない場合には、ストレスが溜まって我慢することになります。

怒られたり叱られたりしたときのストレスを、溜め込んだまま生活していると、精神的にも肉体的にも、悪影響があります。そのストレスが病気の原因になったり、自律神経を乱したりします。長年そういう生活をし続けていると、大病をすることになりかねないので、ストレスをため込まない生き方をしましょう。

そのためには、まず相手と対等な立場を取らないことです。

口論になるというのは、あきらかに相手と対等な立場になってしまっています。もし相手が理不尽なことを言っているのなら、そのことを指摘してから、正論を伝えるようにします。子供のわがままを諭す如く、間違いを指摘しましょう。それでも相手の怒りは収まらないでしょう。そのときは、極力冷静な態度を取り続けます。相手を小さな子供だと思ってください。そして、相手にも冷静になるように促しましょう。

冷静になると、相手の怒りは収まってしまうことが多いです。怒りが収まれば、あなたの話も聞くことが出来るようになります。それによって、自分の怒りが理不尽だということに気づくはずです。同じテンションで口論していると、解決しません。片方があくまでも冷静だと、ケンカになりません。相手の怒りが収まれば、こちらも変なストレスを背負い込まないで済みます。

基本的に、人間関係がギクシャクしたときには、第三者的な視点になることです。自分の立場を主張するだけでなく、相手の立場にも立ってみて考えるといいです。それとなにしろ、クールダウンする必要があります。口論になりかけたときに「トイレ」と言って席を外せば、それだけで、その口論が成り立たなくなる可能性があります。

人生においてトラブルが起きるときや不幸が訪れたときは、冷静さを失っていることが多いです。冷静に自分の状態を認識する習慣を身につけると、それだけでイヤな経験が減り、人生が楽しくなります。その方法の一つとして、歩くときに自分の状態を観察してください。前述したいろいろな方法で歩いて、その状態をしっかりと観察します。そうやって自分自身を観察する習慣が身につくと、トラブルや不幸の方から逃げていきます。

## 4 キーワードは「一過性」

人生は紆余曲折、波乱万丈、悲喜こもごもです。それは、いろいろなことに遭遇することであり、それは行動する、動くということから生じます。この文章を読んでいるということは、そのための行動を起こしています。書店で入手したとか、ネットで買ったとかして、今見ているのでしょう。書店に行くのも行動だし、スマホを使って本を入手するのも、視覚を使い指を動かします。

人生は、苦しいより楽しいほうがいい、悲しいより嬉しいほうがいいのは当たり前です。苦労のない快適な人生を送りたいというのは、だれしも思うところです。しかし、実際は残念ながら、苦しかったり悲しかったり、つらかったりするのが人生です。

そこで重要なのは「意識」です。どういう意識でその苦しさ悲しさを受け止めて、対処していくべきなのでしょうか？

キーワードは「一過性」です。

多くのケガや病気は一過性です。ケガをしても、時間の経過とともに治癒していきます。病気

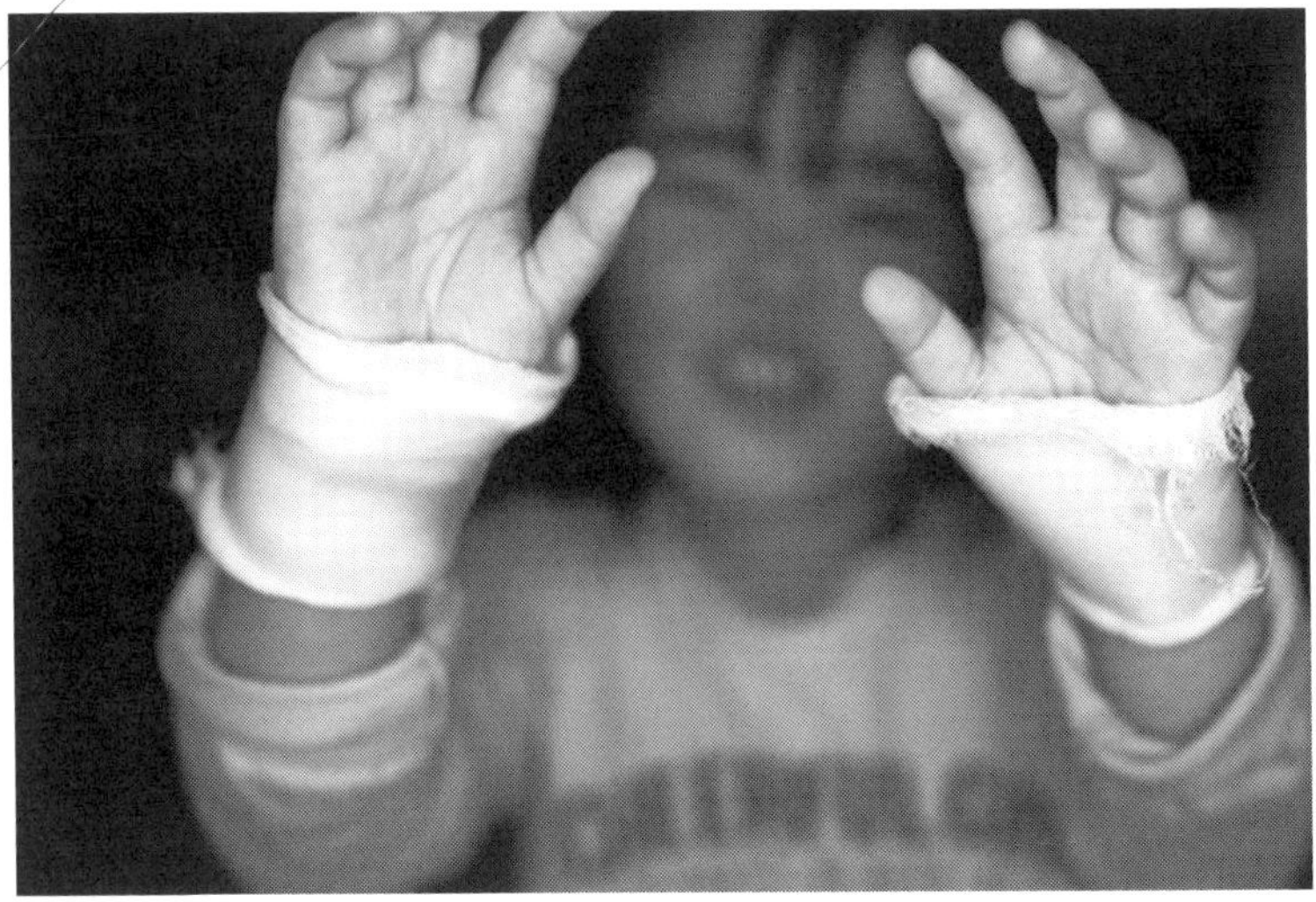

も治療次第で治癒の方向に向かいます。一過性ならば、治癒によって、その苦しみや痛みから解放されます。

そういうケースの場合は、苦しい痛いということに意識を向けるのではなく、治癒して苦しさや痛みから解放されることに意識を向けるようにしましょう。そうすると、現在の苦しみや痛みが軽減します。

わたしの場合、たとえば下痢などの腹痛でトイレに入ってキリキリ痛んだときに、この後、痛みから解放されるという点に注目します。そうであれば、今もっと痛くなれば、その後の痛みからの解放感が増幅されるという期待が生まれます。痛いことだけに意識がいって、ただただ苦しむか、それが過ぎ去った後の快感に意識を向けられるかどうかで、苦痛の度合いが大きく変わります。

子供は、ケガをすると友達に傷口を見せて「ほら、こんなになっている」と自慢します。わたしもヒマラヤでケガをすると、そのときに「この傷口が消えなければ日本に帰って自慢できるな」と楽しくなります。

コンビニまでの往復10分が面倒だなと思うと、足取りも重くなります。「よし、10分歩けるぞ」と思うと楽しくなるし足取りも軽くなります。

意識の持ち方一つで、人生はつらくもなるし、楽しくもなります。そのどちらを選ぶかは本人次第なのです。どんなにつらいことがあっても、どんなに苦しいことがあっても、そのつらさや苦しさを軽くすることはできます。さらにつらさや苦しさの中に、楽しさを見いだせれば、もっと楽に人生を送れるようになります。

## 5 歩いていることに気づく

歩いているときに「歩いていることに気づく」って何？　と思いますよね。ところが、歩いているときには、通常歩いていることを意識してないのです。つまり「わたしは今歩いている」とは思わないものです。

そのときに「気づく」ことが重要です。その気づきから「速歩」の世界が始まり、拡がっていくのです。

まず「今歩いてるな」と気づいた瞬間から、歩き方が変わります。意識しなくても、それまでよりしっかりとした歩き方になってしまうのです。自分がしていることに気づくと、その瞬間に、その「していること」に意識が入り込むのです。それまで意識してなかったのに、意識が生じるのです。

そこからは「少し早く歩こう」と思えばスピードが上がるし、「歩数を数えよう」と思ったり「重心を下げよう」など、いろいろなアプローチができます。そのきっかけが「今歩いてるな」と気づくことです。

人生において「現状認識をする」ことが重要です。イヤなことがあったり、苦しいことがあると、そのことから目をそらそうとします。そうすると、その先悪い方向にいってしまう可能性があるけれど、目をそらさずにしっかり現状認識をすると、良い方向に向かえます。

生活の中で歩くチャンスはたくさんあります。そのときに「今歩いてるな」という現状認識をしてください。「速歩」の細かなテクニックは、後からついてきます。その前に「今歩いてるな」です。

習慣的にその現状認識ができるようになると、しっかりとした歩き方になり、歩くのが楽しくなり、しっかりとした生き方になり、生きるのが楽しくなるのです。

## 6 速歩入門

第一回全国速歩競技大会（2023年10月14日～15日）開催後、定期的に速歩競技会を開催します。その速歩競技のルールは、ただ一つ「走らないで歩く」というだけです。そこで、まずは、自分で歩きと走りの区別をしてみましょう。

早歩きをしてから、そのまま走ってみます。何度か、歩いたり走ったりしてください。そうすると、歩きと走りの決定的な違いに気づきます。走ると、両足が地面から離れてしまいます。その両足が地面から離れたときに、そのことに気づいたら、そうならないように意識して歩きましょう。早く歩くけど、どちらかの片足が地面についている状態をキープできれば、速歩になっています。

両足が地面から離れてはいけないというのは、競歩のルール「ロスオブコンタクト」のことですが、身体で実感したほうが確実です。ルールが先にあるのではなく、両足が地面から離れると走りになるんだな、ということを実際に歩いたり走ったりして確かめることが必要です。

両足が地面から離れないで、どちらかの片足が地面についている状態を保って歩くコツの一つは、少しヒザを曲げたまま歩くことです。ジャンプする瞬間は、ヒザが伸びあがるので、ヒザを伸ばさないで曲げたまま歩くと、両足は床から離れないのです。

競歩は、ジャンプして走りにならないために「足を曲げない」というルールを作りました。わたしはその逆に「足を伸ばさない」歩き方をすることで、走りにならないことを見つけました。

その「ヒザを曲げて歩く」というのは、速歩の記録を伸ばすテクニックでもあるのです。重心を下げて歩くことの難しさは、その重心を保って上下させないということです。5センチ重心を下げて、その重心のまま歩き続けられれば、相当早い歩き方になります。なぜなら歩幅が拡がるからです。最初の内は、どうしても上半身が一歩ごとに上下してしまいます。その上下運動はスピードを鈍らせます。

たとえば5センチ重心を下げたときに上下運動があるとしたら、4センチにして試して、まだ上下運動があれば、3センチにするという具合に、重心の下げ具合を調節します。とはいっても、正確に1センチずつ下げていくというのではなく、自分の感覚で少し下げてみるということです。上体が安定していることが、速歩の重要なテクニックです。

ヒザを曲げて、少し重心を下げて、上体を一定の高さに保って歩く練習が必要です。といって

も、どうしても上体が上下にブレてしまうでしょう。それを安定させるには、練習量もありますが、最大の秘訣は「意識」です。

言葉を換えれば「気づき」です。つまり、5センチ重心を下げて足を前に出そうとしたときに、3センチ上がってしまったとすると、その3センチの手前の2センチのところで気づいて、それ以上上がらないようにできればいいのです。

その2センチの気づきができたら、その少し手前（1センチ）で気づくようにします。その延長上に0センチ、つまり上下動する前に気づいてブレないようにできるのです。いきなり、0センチにはならないでしょうが、現在の上下動を少しでも減らせれば、それだけで「速歩」のテクニックを得たことになります。これも、1センチという表現を正確に実践するのではなく、自分の感覚で調整してください。

「速歩競技会」で競うレベルへの第一歩が、ほんの少しの「気づき」です。今よりほんの少し早く歩くことが大切です。積極的に歩くチャンスを作るようにしましょう。そうすれば、毎日、速歩練習を積み重ねることができるのです。

歩いているときに「今歩いてるな」と意識することが大切です。その瞬間から歩き方がしっかりとして少し早く歩けます。歩く習慣が身につくと、自然に速歩練習になります。そして歩くことが楽しくなるので、積極的な生き方になり、結果として充実した人生を歩むことになります。

そして、速歩の秘訣の「上半身の脱力」は、人生にも当てはまります。人生を頑張ることは必要ですが、頑張りすぎるとどこかで壊れてしまいます。人生を歩むコツは、上手に脱力することです。力を抜くことで、生き方が楽になり、その先に新たな世界が開けてくるのです。

人生は走らずに「歩む」ことで、充実した人生になります。その歩みは速歩の歩き方にヒントがあります。速歩で自分の動きを認識する観察力が身につくと、人生で道を踏み誤りそうになったときに、その「自分を認識する観察力」が働きます。生き方の上でも、上手に力を抜くことができれば、快適な人生を送ることができます。

速歩の練習を通して、心地よく充実した人生をつかみ取ってください。

付録

# 効率よく速く歩く

筆◉加藤聡史

『月刊秘伝』2023年3月号掲載記事より。

第3章（p.105）でご紹介したように、世に初めて「速歩」という言葉、“競歩”とも違った概念を提唱したのがこの記事です。
ここに全文を掲載致します。

# 1 人間の歩行能力を開発する

中国四大奇書の一つに数えられる『水滸伝』。現代まで伝えられる中国武術にも、この物語由来の登場人物が多く関係していることから「月刊秘伝」読者にもお馴染みの作品であろう。

豹子頭・林冲や行者・武松、九紋竜・史進といった腕白慢の好漢たちの中で、一際異彩を放つのが神行太保《しんこうたいほう》・戴宗《たいそう》だろう。神行法という速歩術を使い、物語中では情報収集、伝令や捕虜の奪還などで大活躍する梁山泊の幹部の一人だ。

その神行法は一日五百里、或いは八百里という現在の日本の尺度で考えると俄かには信じがたいものになってしまうが、そもそも「白髪三千丈」の国のフィクション小説であり、中国の単位は時代によって目まぐるしく変化してきている。その辺りを思い合わせれば、より現実的で実用的な能力・特技として過去に存在した可能性もある。

今回、速歩術についてお話を伺ったヨーガ行者の王・成瀬雅春師によると、ヨーガの歩法、空中歩行術「ルンゴム」のテクニックを駆使し、標高4000メートル級のヒマラヤ山系を160キロ程も踏破したチベットやインドの行者もいたそうである。機能的・合理的な歩き方を追求すれば、人間の歩行能力にはまだまだ開発の余地があるのは間違いないだろう。
現代において歩行を競技スポーツとして突き詰めているのは、オリンピック競技にも採用されている「競歩」である。しかしながら、公平性や競技性、様々な要素を勘案してルールを厳格化していった結果、前脚は接地の瞬間から地面と垂直になるまで膝を伸ばさなければ「ベント・ニー」という反則を取られたり、常にどちらかの足が接地していなければ「ロス・オブ・コンタクト」という反則になるなど、歩形に関しては日常生活上の歩行とはかけ離れた固定化した競技用フォームとなって定着している。無論、一定の形式の中で人間の身体能力の極限を競うという競技スポーツの在り方は素晴らしいものだが、結果として不自然なフォームでの歩行となっていることは否めないだろう。

解脱に至るために人間の心身の能力を最大限にコントロールし、使い切ることを目的とするヨーガの視点を持つ成瀬師であるので、競技ベースでの身体の使い方に違和感を感じるのは当然と言えば当然だ。「ロス・オブ・コンタクト」に関しては「走行」にならないためには合理的なルールと言えるだろうが、速かろうがのんびりと歩こうが、競技者以外で膝を伸ばしたまま歩く人はいまい。

ヨーガの修行と指導を行いつつ、人間の心身を自然に使い切った上での機能的な歩行を追求してきた成瀬師は、取材日までに目黒川沿いでタイムトライアルを重ね、100メートル23秒の記録を出す

## 100メートル速歩

取材の最初に、「100メートル走」ならぬ「100メートル歩」を行った。成瀬師のタイムはなんと21秒を記録。比較のために同時に「速歩き」してもらった記者とは圧倒的な差が開いた。

に至ったという。これは競歩の選手の世界記録タイムを100メートル平均に均《なら》したものとほぼ同一のタイムである。故に「ベント・ニー」の縛りの下で競技シーンで戦っている競歩の選手が仮にその軛《くびき》を離れるなら「もっと早いんじゃないですかね」と成瀬師も語る。

## 2 日常の中で実践される修練

ヨーガの実践者である成瀬師の日常は、全生活行程において自分を観察し、より機能的な心身の使い方を工夫し、修練することに費やされている。自分の身体に対する飽くなき興味と探求心が成瀬師の根本に存在しているのだ。「歩き方」もその一部分であり、特に最近注力しているという訳ではないという。

しかし、コンビニに行くとか好きな格闘技興行を見に行くとかいった、日常のちょっとした外出時にも「今、どういう歩き方をしているか」「今よりもっと早く歩くにはどうしたら良いか」などと考えつつ、実践を行っているそうだ。一人でコンビニに出かけるなら早く着くに越したことはないし、試合会場の雑踏でも他人をよく見て人にぶつからずスムースに縫って歩けるならその方が良いだろう。その結果として効率よく速く歩くメソッドが蓄積されていき、今回ご紹介する速歩術に結実したものだ。

成瀬師は「月刊秘伝」2014年11月号の歩法特集にも登場し、先述の「ルンゴム」を紹介している。「ルンゴム」それ自体を詳細に解説した文献というのはないようだが、幾つかある傍証から成瀬師が再現して構成したものである。「ルンゴム」の場合は空中歩行術の文字通り、身体は完全に宙に浮きあがっているため、厳密には「走り」として分類されるべきもので、歩行とは言えない。今回紹介する速歩とは別物である。とは言え、幾つかの身体操法の要点において共通する部分があるのは確かだ。最終的な解脱に向け、様々な行法やアーサナ、呼吸法がヨーガにおいて生み出されたように、ルンゴムもより早くヒマラヤ山系にある修行場の目的地に到達するため必要に応じて生まれてきたものだ。

## 3 重心は低く、歩幅は広く　呼吸は若干ゆっくり吐く意識で

実際に取材班の目の前で100メートルを歩き切った成瀬師のスピードたるや驚愕すべきもので、この日のタイムは21秒を記録した。正に神行太保・戴宗を思わせるような疾風のような歩みであった。その特徴は上半身の力が完全に抜けていること。上半身は真っ直ぐに正面を向き、捻じれも傾

きもなく、一切のブレが見られない。「上半身の力が完全に抜け切ると、下半身のエネルギー効率が良くなります」と成瀬師。腕を使わず、だらりと下げたままなので、現代的な歩行や走行のフォームを見慣れているとかなり特徴的なフォームに見える。さらにはその重心の低さ、ストライドの広さが非常に目を引く。テンポは速いが、バタつきは一切なく一定のペースがキープされている。

記者としては、100メートルを全くペースを乱すことなく超スピードで歩き切る、その歩行中の呼吸が気になるところで、測定後に成瀬師に呼吸について尋ねたところ、「特に歩きのスピードに対応した呼吸はしていない」とのことだった。なるべく普段通りの普通の呼吸をしているという。しかしながら「若干ゆっくり吐くように意識はしている」とのことで、やはりヨーガ呼吸法の基礎中の基礎「ゆっくり吐くこと」が呼吸を乱さないためのコツとなるようだ。陸上の中・長距離走は元より、武道・格闘技でも呼吸が上がれば絶対的な不利になることは否めない。この呼吸への意識はジャンルを問わず有益なものだ。

特徴あるフォームについても質問すると「ストライドの距離が1センチ伸びれば、十歩で10センチ伸びる訳です。百歩ではもう1メートルになってしまいます。同じテンポで歩いている人と百歩後には1メートルの差がついてしまう。ストライドは広い方が絶対に効率が良いし、有利なんです」と成瀬師。

4
5
6

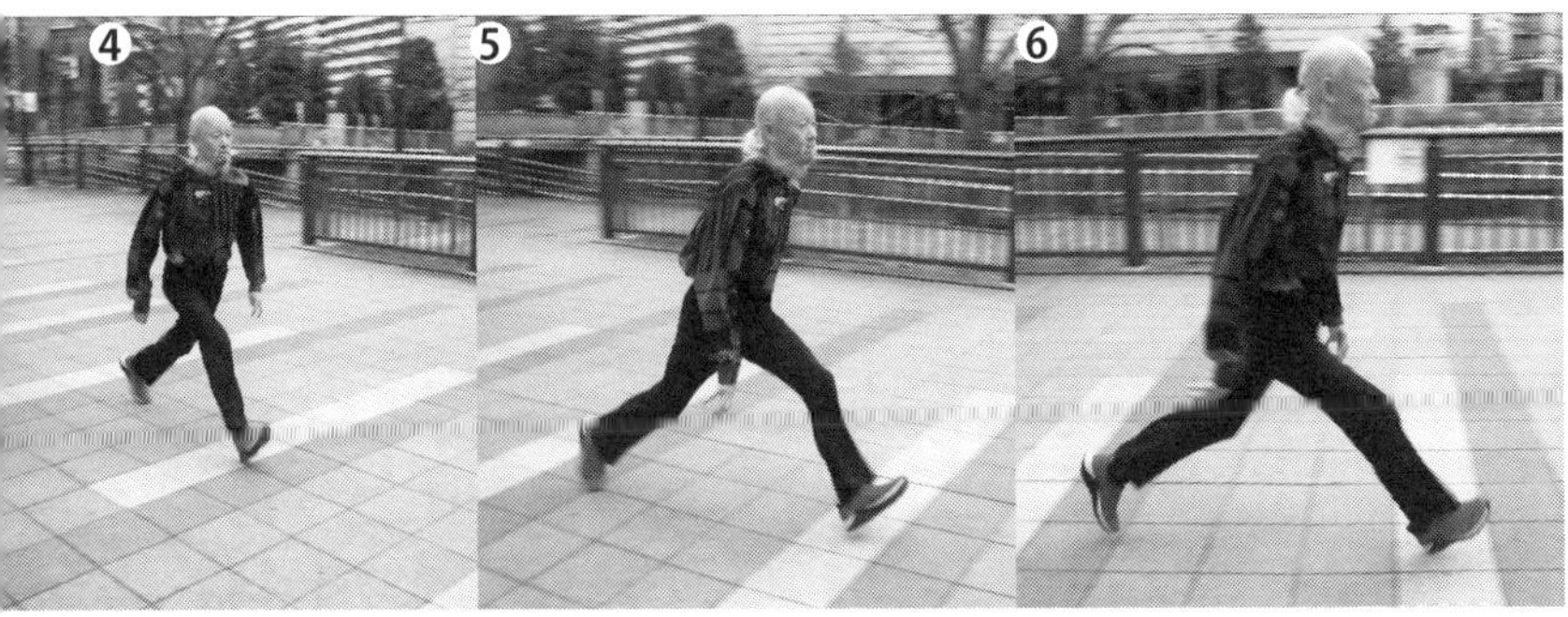
4
5
6

## 普通の歩きと速歩

上段の写真が普通に歩いた時の歩行。きれいな姿勢で一定のリズムで一歩一歩進んでいて、この歩行でも充分健康に良さそうな印象を受ける。下段の写真が成瀬師が日常の中で取り組み、磨いてきた速歩の歩行。歩幅を無理に広げようとするのではなく、重心を下げることで自然と歩幅が広くなる。その歩幅を保ちつつ、速歩の技術を取り入れようとする場合、最初は一歩一歩のリズムは普通の歩きの時と変えずに歩き、この歩行に慣れてきたら、リズムを少しずつ早めていくと、“より速く歩く”ための良いトレーニングとなる。また、視線については遠くの一点を定めて、そこに自分が吸い込まれていくイメージで進んでいるという。

### 歩幅と姿勢の関係

狭い歩幅（①）から、ごくわずかに広く足を出す（②）と、自然と背筋が伸び、顔が上がり、視線も前向きになる。成瀬師は、背筋を伸ばすことを意識して歩くのではなく、少し広めの歩幅を意識して歩くことで、姿勢のよい形で長い時間歩き続けることができるようになると言う。

1

2

歩幅を広くとるには重心を下げた方が良い。コンパスの脚を思い浮かべてみてほしい。二本脚で立った状態から重心が下がれば自然とスタンスも大きくなる。歩幅が狭くなれば自然と重心は上がる。意識して重心を落とすことでストライドを伸ばしているのだという。

## 4 ブレを生まないために足の着地位置も意識する

そして次に意識すべきは足の着地位置。これをバラつかせずにまとめることが大事だという。「速

両足のどちらかは必ず地面に接しつつ、成瀬師の速歩での歩幅はとても広い。この歩行を可能にする大きな要素の一つとして足首や股関節の柔軟性があげられる。

く歩こう歩こう」と意識すると、足は外側に踏み出されがちになり、それが身体のブレの元になるのだ。モデルウォークではないのでセンターライン上を歩き続ける訳にはいかないが、なるべくセンター寄りを意識して、足趾で地面を掴み締めるように歩き続けることが、ブレを生まないために必要であるということだ。

目付けに関しても「ルンゴム」と共通している。成瀬師は言う。「遠くの一点を見定め、そこに自分が吸い込まれていくかのように歩くこと」と。こうすることで無理なくスピードを上げられるそうだ。さらに「ルンゴム目付けテクニック」は意識を先行させ肉体を後続させるため、肉体の実体感が薄れ疲労を軽減させる効果がある。100メートルで疲労困憊という方は少ないだろうが、距離が二倍・三倍になった時には疲労度にかなりな差異が出ているだろう。

## 5 健康法にも鍛錬にもなる原点の運動

そもそも「歩き」という行為そのものが人間生活における基本、ベーシックな存在だ。本誌読者であれば、日常から健康法や鍛錬に勤しんでいる方も多いだろう。世の中には「ウエイトトレーニング」「ロードワーク」など様々な方法がある。しかし、身体を使うことにおいてはそれぞれに利点と並んで欠点も存在する。重いベンチプレスで大胸筋の付け根を断裂したり、ラットマシンを首の後ろに下ろした拍子に頸部を痛める人もあるかもしれない。或いは、固い路面を走りすぎて膝や足底のアーチを壊す人もあるだろう。「強くなりたい。鍛えたい」ためにすることが、逆に身体を損ねるリスクになるということが、どうしてもあるのだ。

「身体を害するリスクのある運動を消去法で消していくと最後に残る運動、それが歩行です」と成瀬師。歩行は単なる移動手段ではなく、健康法にも鍛錬にもなる原点にしてリスクゼロに近い最良の運動なのだ。しかも、あらゆるスポーツや武道・格闘技にも共通の動作でもある。

### 足指の機能を高める

まっすぐブレない歩行をするには、足指で地面をしっかりと掴み締められることも大切である。成瀬師は足指の機能を高めるための運動も行っている。例えば、五本の指を全て大きく開かせたり（①）、人差し指だけ動かす（②）、薬指を動かす（③）などの動きを行い、意識と足指をつなげる感覚を磨いている。

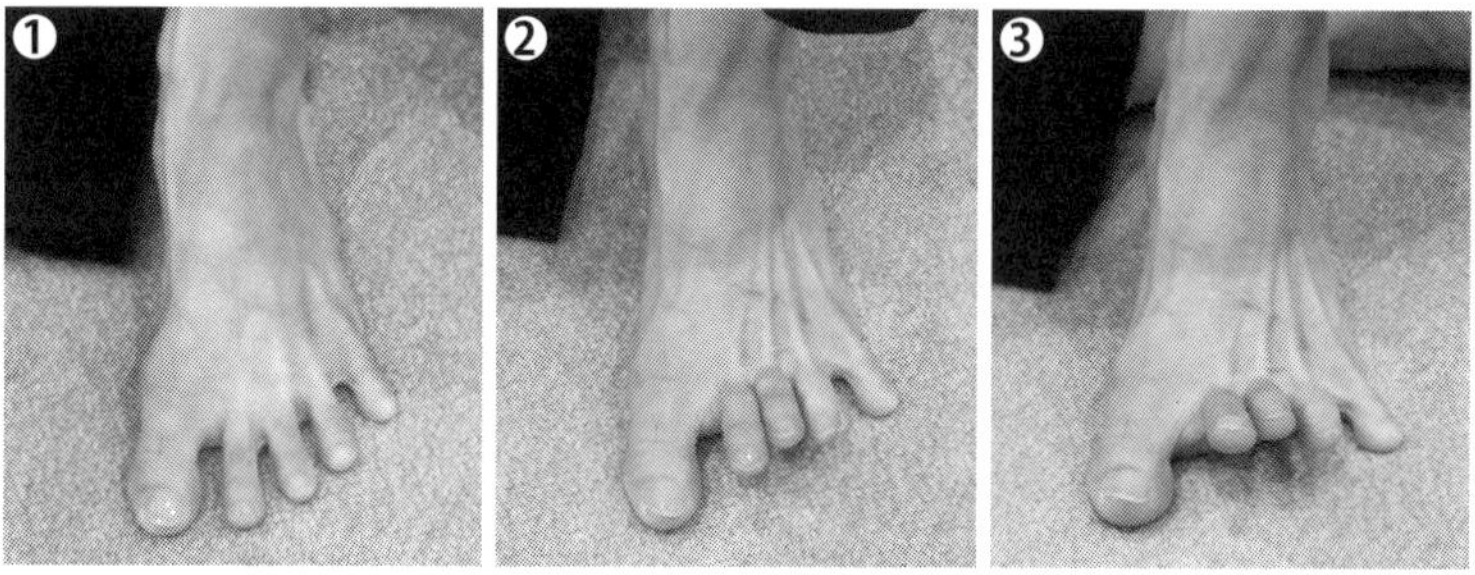


成瀬式ヨーガ速歩術には雑踏を縫って歩く時に、行く方向とは逆の脚に踏み込みと荷重を行い（誘導脚）、方向転換方向に身体を導く（移動脚）メソッドが存在し、これは細かい体捌きを要する中国武術や合気道系と類似の歩法にもなっている。一見関係性が薄そうに見える柔術やグラップリングでのグラウンドワークにおいてもブリッジ、エビ、各種脚回しやガードワークなど足腰がいかに力強く器用に動かせるかは重要な肝でもある。

## 6 歩き続けられることの意義

身体面だけでなく、歩行は人生やメンタル面を考える上でも重要な役割を持つ。成瀬師は「人生のターニングポイントは歩けるか歩けなくなるか」だと語る。通常歩行に支障なく生活できていれば、おおよそ意識されることは少ないであろうが、事故なり疾病なりで歩けなくなった時、それがいかに大きなことであったかに人は思い至るはずだ。

成瀬師によると、歩けなくなった瞬間から人間の生命力は非常に低下するという。確かに治療家であり、ケアマネ業を営んでいた記者から見ても、九十〜百歳代で矍鑠としている人は歩くことに熱心であった。歩行が困難になると認知症などの疾病の進行も早くなる。歩行は単なる身体動作ではなく、屋外を歩けば様々に視覚・嗅覚・聴覚などの刺激を受容し、情報処理能力が非常に活発に働いているのだ。歩行が困難になれば、それらの活動の大部分が失われかねない。既に始まっている超高齢化社会を鑑みても、要支援・要介護状態を悪化させないようにヨーガ式速歩術で歩行能力を維持・向上させていくというのは、非常に重要なミッションであると言えよう。

**著者◎成瀬雅春**（なるせ　まさはる）

ヨーガ行者、ヨーガ指導者。1976年からヨーガ指導を始め1977年の初渡印以来、インドを中心にアジア圏を数十回訪れている。地上1メートルを超える空中浮揚やクンダリニー覚醒技法、ルンゴム（空中歩行）、系観瞑想法などを独学で体得。2001年、全インド密教協会からヨーギーラージ（ヨーガ行者の王）の称号を授与される。

成瀬ヨーガグループ主宰。倍音声明協会会長。

日本速歩協会会長。

朝日カルチャーセンター講師。

著書：『シャンバラからの伝言』（中央アート出版社）、『ハタ・ヨーガ完全版』『クンダリニー・ヨーガ』『クンダリニー覚醒』（BABジャパン）など多数。

**【成瀬ヨーガグループ】**
〒141-0022 東京都品川区東五反田2丁目4－5 藤ビル5F
E-mail：akasha@naruse-yoga.com
HP：https://naruse-yoga.com/
**【日本速歩協会】**
E-mail：info@fastwalking.jp
HP：https://fastwalking.jp/
日本速歩協会
LINE公式アカウント：

装幀：梅村 昇史
本文：中島 啓子

# 速歩のススメ　空中歩行

2023年7月10日　初版第1刷発行

著　　者　成瀬 雅春
発 行 者　東口 敏郎
発 行 所　株式会社ＢＡＢジャパン
〒151-0073 東京都渋谷区笹塚1-30-11 4・5F
TEL　03-3469-0135　　FAX　03-3469-0162
URL　http://www.bab.co.jp/
E-mail　shop@bab.co.jp
郵便振替 00140-7-116767
印刷・製本　中央精版印刷株式会社

ISBN978-4-8142-0564-6　C2075